HAUTE SÉCURITÉ

DESSIN : **GIHEF**
SCÉNARIO : **CALLÈDE**
COULEURS : **DINA KATHELYN**

CYCLE 2

LES NOUVEAUX MAÎTRES

TOME 1/2

REPÉRAGES
DUPUIS

DES MÊMES AUTEURS

GIHEF - CALLÈDE

Aux Éditions Dupuis
Haute Sécurité (3 tomes)

Aux Éditions Vents d'Ouest
Enchaînés (4 tomes)

GIHEF

Aux Éditions Nuclea²
en collaboration avec Derrien :
R.I.P. Limited (1 tome)

CALLÈDE

Aux Éditions Dupuis
en collaboration avec Henriet :
Damoclès (1 tome)

Aux Éditions Delcourt
en collaboration avec Denys :
Comptine d'Halloween (3 tomes)
Dans la nuit (3 tomes)

en collaboration avec Séjourné :
Tatanka (4 tomes)

Cet album est dédié à tout mon posse : Gayoul, Michael Kael, Lexouille, Sébouille, Cri-Cri, Did, HKM, Ricco du Nord et Marky Mark. Spéciale dédicace au crew de Lille : Damien Vanders aka "Brouss Wayne", Damien Marie aka "Robin", Mig, Karl T. et Éric Hérenguel. La bande dessinée de qualité vient définitivement du Nord...

Gihef

www.haute-securite.com
Le blog de Gihef : http://djaillecave.blogspot.com/

PREMIÈRE ÉDITION

Conception graphique : Franck Achard.
Dépôt légal : avril 2008 — D.2008/0089/48
ISBN 978-2-8001-4062-9

Imprimé en Belgique.

www.dupuis.com

EST-CE QUE TU AS DÉJÀ TROMPÉ TA FEMME ?! ...
JOKER.
AH NON, TU AS DÉJÀ UTILISÉ TES DEUX JOKERS ! TU DOIS RÉPONDRE, C'EST LA RÈGLE DU JEU !
ON AVAIT DIT : « PAS DE QUESTION SUR LA VIE PRIVÉE », DAVID ! MOI AUSSI, JE CONNAIS LES RÈGLES !! ...
ÇA VEUT DONC DIRE QUE TU LA TROMPES ...
MAIS PAS DU TOUT !! JE SUIS MARIÉ DEPUIS 20 ANS, J'AIME MA FEMME ET JE N'AI AUCUNE ENVIE D'ALLER VOIR AILLEURS ! ... MAIS SI ON COMMENCE À PARLER « VIE PRIVÉE », TU VAS VOULOIR SAVOIR COMBIEN DE FOIS JE BAISE PAR SEMAINE OU SI J'ENLÈVE MES CHAUSSETTES PENDANT L'AMOUR ! ...
JE N'AI PAS ENVIE DE ÇA, C'EST TOUT ! ...
O.K., NE LE PRENDS PAS COMME ÇA ... FAUT BIEN QU'ON PASSE LE TEMPS, NON ?! ...
C'EST TON TOUR, POSE-MOI UNE QUESTION ! ...
OH, J'ABANDONNE ... ÇA FAIT DES SEMAINES QUE TU ME FATIGUES AVEC TON « JEU DE LA VÉRITÉ » DE MES DEUX !
FAUDRAIT VRAIMENT QU'ON CHANGE DE ...
?!?

OH MERDE!!! QU'EST-CE QU'IL FOUT LÀ ?! ...
COMMENT IL EST MONTÉ SUR LE TOIT ?!
BORDEL, IL VA SAUTER!!
RESTE PAS LÀ !! APPELLE DES RENFORTS, VITE !!!
LIBRE ...
EH, TOI!! RECULE IMMÉDIATEMENT OU J'OUVRE LE FEU!
ENFIN LIBRE ...
ON A UN CODE 603... JE RÉPÈTE, CODE 603 !... TOUR NORD-EST, BÂTIMENT E ...
M'EN VAIS TE FAIRE PASSER L'ENVIE DE VOLER, MOI! ...

BLAM! BLAM!
ARRÊTE, À QUOI TU JOUES ?!? ...
J'ESSAIE DE LUI FOUTRE LES JETONS !!!
MAIS IL N'A MÊME PAS BRONCHÉ, IL EST COMPLÈTEMENT SHOOTÉ ! ...
BON SANG, NE FAIS PAS ÇA!!! RECULE!!
FERME-LA, DAVID!
RECULE, JE TE DIS !!!
3.
NOOOON!

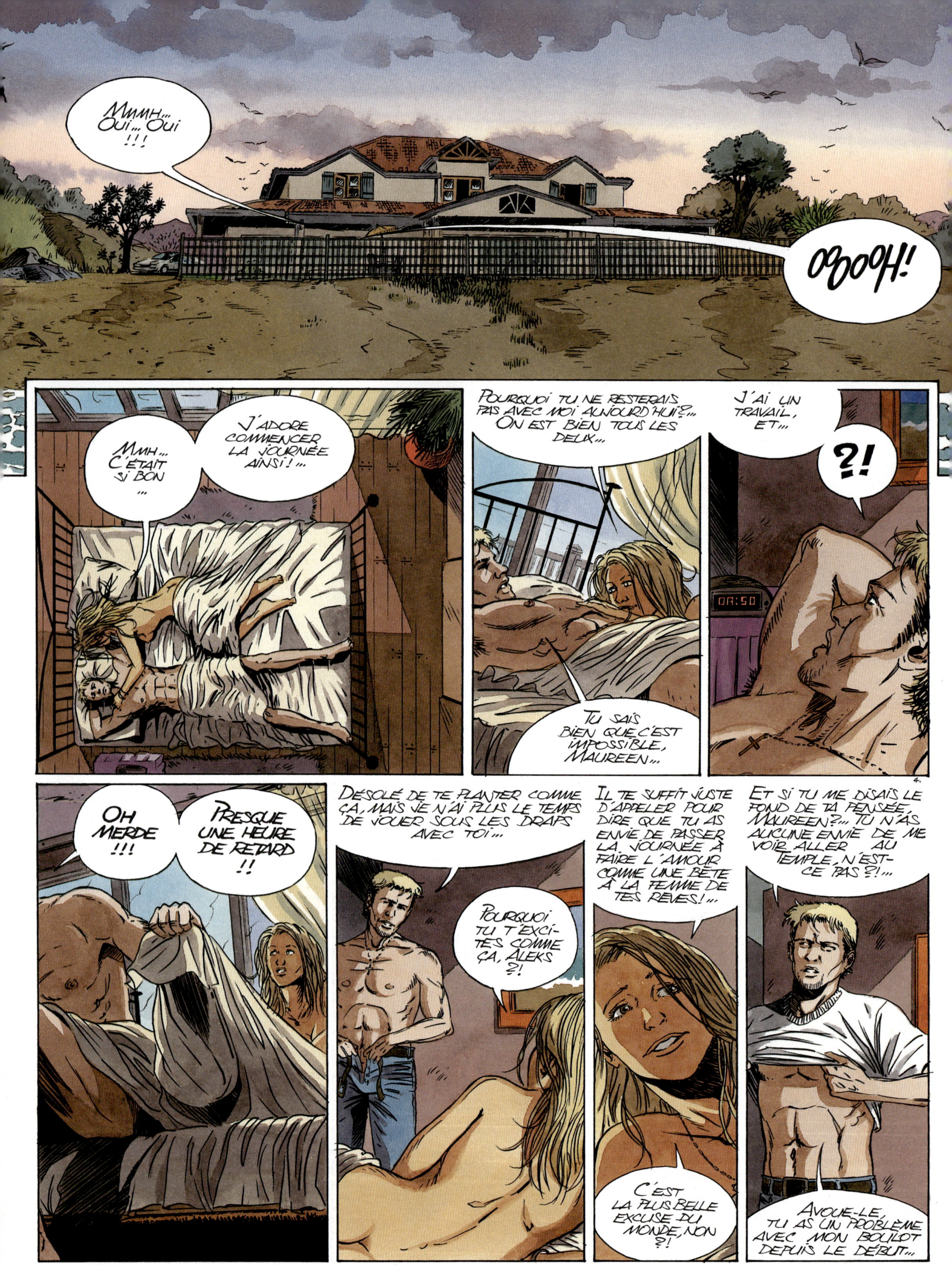
MMMH... OUI... OUI !!!
OOOOH!
MMH... C'ÉTAIT SI BON ...
J'ADORE COMMENCER LA JOURNÉE AINSI ! ...
POURQUOI TU NE RESTERAIS PAS AVEC MOI AUJOURD'HUI ?... ON EST BIEN TOUS LES DEUX...
TU SAIS BIEN QUE C'EST IMPOSSIBLE, MAUREEN...
J'AI UN TRAVAIL, ET...
?!
08:50
OH MERDE !!!
PRESQUE UNE HEURE DE RETARD !!
DÉSOLÉ DE TE PLANTER COMME ÇA, MAIS JE N'AI PLUS LE TEMPS DE JOUER SOUS LES DRAPS AVEC TOI...
POURQUOI TU T'EXCITES COMME ÇA, ALEKS ?!
IL TE SUFFIT JUSTE D'APPELER POUR DIRE QUE TU AS ENVIE DE PASSER LA JOURNÉE À FAIRE L'AMOUR COMME UNE BÊTE À LA FEMME DE TES RÊVES ! ...
C'EST LA PLUS BELLE EXCUSE DU MONDE, NON ?!
ET SI TU ME DISAIS LE FOND DE TA PENSÉE, MAUREEN ?... TU N'AS AUCUNE ENVIE DE ME VOIR ALLER AU TEMPLE, N'EST-CE PAS ?! ...
AVOUE-LE, TU AS UN PROBLÈME AVEC MON BOULOT DEPUIS LE DÉBUT...

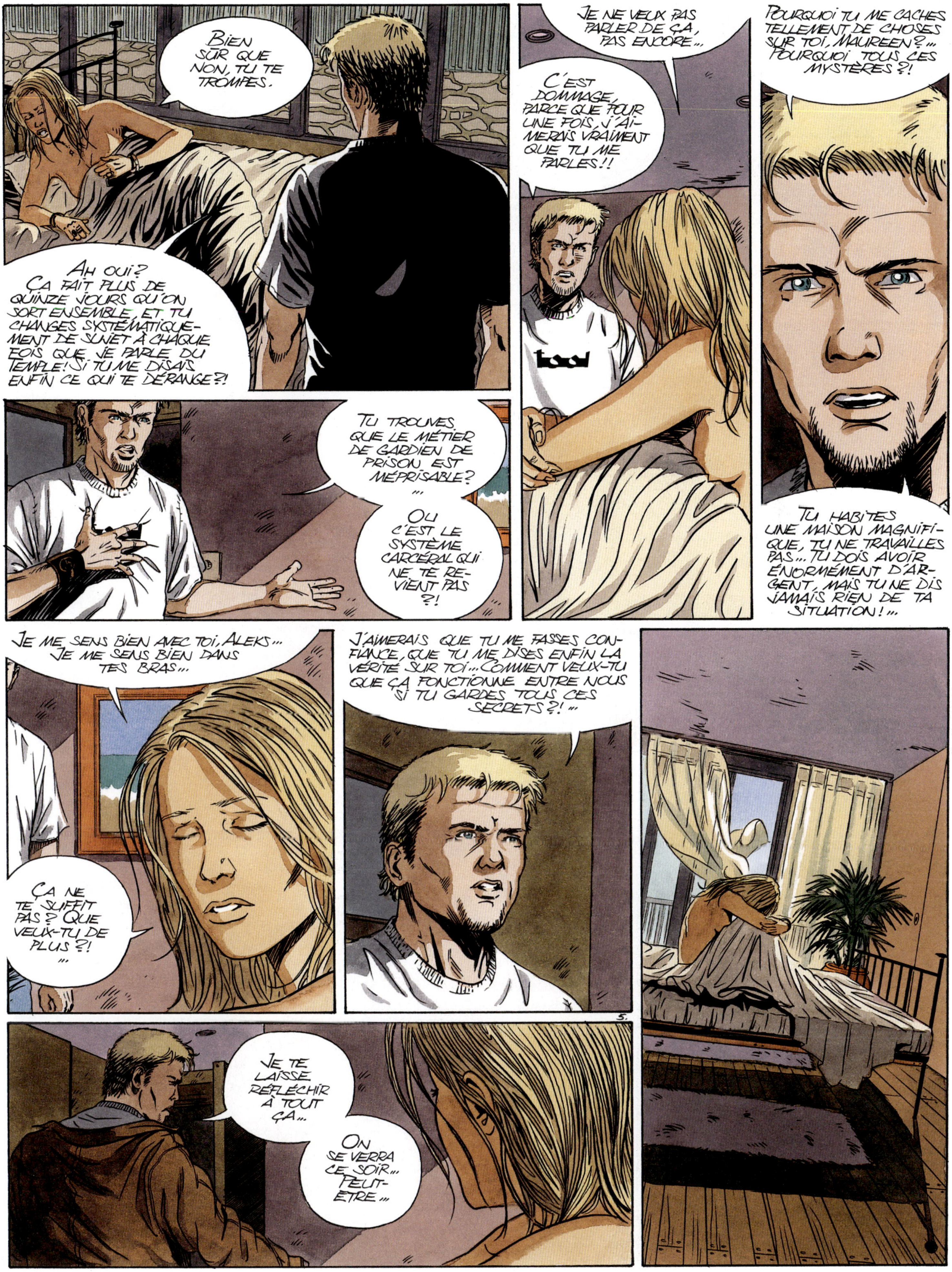
BIEN SÛR QUE NON, TU TE TROMPES.
AH OUI? ÇA FAIT PLUS DE QUINZE JOURS QU'ON SORT ENSEMBLE, ET TU CHANGES SYSTÉMATIQUEMENT DE SUJET À CHAQUE FOIS QUE JE PARLE DU TEMPLE! SI TU ME DISAIS ENFIN CE QUI TE DÉRANGE?!
TU TROUVES QUE LE MÉTIER DE GARDIEN DE PRISON EST MÉPRISABLE? ...
OU C'EST LE SYSTÈME CARCÉRAL QUI NE TE REVIENT PAS ?!
JE NE VEUX PAS PARLER DE ÇA, PAS ENCORE...
C'EST DOMMAGE, PARCE QUE POUR UNE FOIS, J'AIMERAIS VRAIMENT QUE TU ME PARLES!!
POURQUOI TU ME CACHES TELLEMENT DE CHOSES SUR TOI, MAUREEN?... POURQUOI TOUS CES MYSTÈRES?!
TU HABITES UNE MAISON MAGNIFIQUE, TU NE TRAVAILLES PAS... TU DOIS AVOIR ÉNORMÉMENT D'ARGENT, MAIS TU NE DIS JAMAIS RIEN DE TA SITUATION!...
JE ME SENS BIEN AVEC TOI, ALEKS... JE ME SENS BIEN DANS TES BRAS...
ÇA NE TE SUFFIT PAS? QUE VEUX-TU DE PLUS?! ...
J'AIMERAIS QUE TU ME FASSES CONFIANCE, QUE TU ME DISES ENFIN LA VÉRITÉ SUR TOI... COMMENT VEUX-TU QUE ÇA FONCTIONNE ENTRE NOUS SI TU GARDES TOUS CES SECRETS?! ...
JE TE LAISSE RÉFLÉCHIR À TOUT ÇA...
ON SE VERRA CE SOIR... PEUT-ÊTRE...

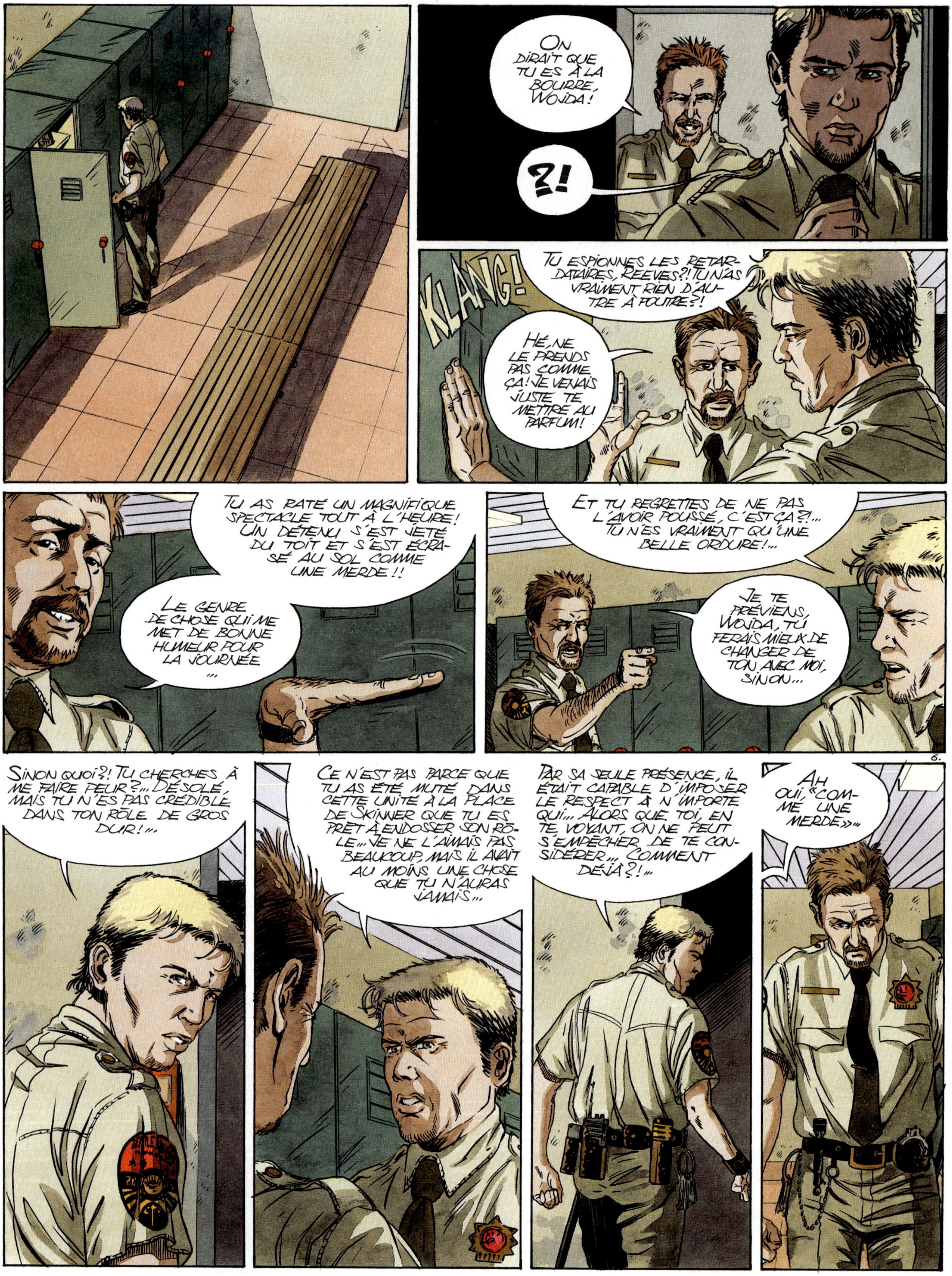

ON DIRAIT QUE TU ES À LA BOURRE, WOJDA!
?!
KLANG!
TU ESPIONNES LES RETARDATAIRES, REEVES?! TU N'AS VRAIMENT RIEN D'AUTRE À FOUTRE?!
HÉ, NE LE PRENDS PAS COMME ÇA! JE VENAIS JUSTE TE METTRE AU PARFUM!
TU AS RATÉ UN MAGNIFIQUE SPECTACLE TOUT À L'HEURE! UN DÉTENU S'EST JETÉ DU TOIT ET S'EST ÉCRASÉ AU SOL COMME UNE MERDE!!
LE GENRE DE CHOSE QUI ME MET DE BONNE HUMEUR POUR LA JOURNÉE...
ET TU REGRETTES DE NE PAS L'AVOIR POUSSÉ, C'EST ÇA?!... TU N'ES VRAIMENT QU'UNE BELLE ORDURE!...
JE TE PRÉVIENS, WOJDA, TU FERAIS MIEUX DE CHANGER DE TON AVEC MOI, SINON...
SINON QUOI?! TU CHERCHES À ME FAIRE PEUR?... DÉSOLÉ, MAIS TU N'ES PAS CRÉDIBLE DANS TON RÔLE DE GROS DUR!...
CE N'EST PAS PARCE QUE TU AS ÉTÉ MUTÉ DANS CETTE UNITÉ À LA PLACE DE SKINNER QUE TU ES PRÊT À ENDOSSER SON RÔLE... JE NE L'AIMAIS PAS BEAUCOUP, MAIS IL AVAIT AU MOINS UNE CHOSE QUE TU N'AURAS JAMAIS...
PAR SA SEULE PRÉSENCE, IL ÉTAIT CAPABLE D'IMPOSER LE RESPECT À N'IMPORTE QUI... ALORS QUE TOI, EN TE VOYANT, ON NE PEUT S'EMPÊCHER DE TE CONSIDÉRER... COMMENT DÉJÀ?!...
AH OUI, «COMME UNE MERDE»...

Rien que de voir ce sang, ça me donne envie de gerber ...
Je plains les collègues qui ont été témoins de ce drame ... Ils vont faire de sales cauchemars pendant plusieurs nuits ! ...
Depuis que je travaille ici, c'est ma hantise d'assister à un suicide en direct ...
Ça ne m'est pas encore arrivé, je touche du bois ...
On sait comment le détenu est monté là-haut ?
Apparemment, il a profité du breakfast au réfectoire pour s'éclipser ...
Malheureusement, on ne peut pas surveiller tout le monde.
Tout est allé très vite ... Il a forcé une porte donnant sur un escalier de service, et il s'est retrouvé sur les toits en quelques minutes ...
On pense qu'il a agi sur un coup de folie.
D'après nos gars, il avait l'air complètement défoncé ...
Encore une belle saloperie qui doit circuler parmi les prisonniers.
Le genre de substance censée te faire planer ... Au sens figuré, bien entendu.
Pas mal, George ! ... Je ne te connaissais pas cet humour un peu morbide ...
Désolé, ça m'a échappé ...
J'ai besoin de dédramatiser dans ce genre de situation, et ...
?!

BON SANG, REGARDE-LE ! IL NE ME LÂCHERA DONC JAMAIS ?!
LAISSE TOMBER, TU SAIS BIEN QU'IL N'A PAS TOUTE SA TÊTE...
JE DÉTESTE QUAND IL ME FIXE COMME ÇA EN SILENCE ...ON DIRAIT QU'IL A TOUJOURS ENVIE DE ME FAIRE LA PEAU.
JE SENS ENCORE SES MAINS SUR MON COU...(*) PARFOIS, J'AI MÊME DU MAL À RESPIRER...
C'EST VRAIMENT UNE SENSATION ÉPOUVANTABLE, CROIS-MOI...
TU ES ENCORE SOUS LE CHOC DE L'AGRESSION... TU EN AS PARLÉ À LA PSY ?!
OUAIS, JE L'AI VUE DEUX OU TROIS FOIS... J'AI VIDÉ MON SAC, MAIS ÇA N'A PAS CHANGÉ GRAND-CHOSE...
J'AI TOUJOURS CES BOUFFÉES D'ANGOISSE EN PLEIN MILIEU DE LA NUIT ...ÇA NE M'ÉTAIT JAMAIS ARRIVÉ ...
ET TOUT ÇA À CAUSE DE CE MAUDIT GAMIN !...
ÇA VA PASSER, TU AS BESOIN DE TEMPS ...
ALLEZ, VIENS, ON CHANGE D'AIR ! JE TE PAIE UN CAFÉ.
8.

(*) VOIR TOME 1.

RESTEZ COOL, MES FRÈRES...
JE RÈGLE ÇA EN DOUCEUR... J'ARRACHE LES COUILLES DU PREMIER QUI SORT UNE LAME...
YO, LE DUKE !!!
PARAÎT QUE TU VOULAIS FAIRE LA CONNAISSANCE DE AARON "BIG DOG" DAVIS ?!
IL EST DEVANT TOI, EN PERSONNE !!
TE FATIGUE PAS À ME PROPOSER UN DEAL ! LES NÉGROS NE FONT PAS AFFAIRE AVEC LES BLANCS ICI !!
TU FERAIS MIEUX DE RESPECTER CETTE RÈGLE SI TU VEUX PAS QU'IL ARRIVE MALHEUR À TON GROS CUL !!
ELLE AIME BEAUCOUP LA DANSE, N'EST-CE PAS ?...
?!
C'EST QUOI, CE DÉLIRE ?!
...
J'AI PAS ENVIE D'ÉCOUTER TES CONNERIES, DUKE DE MES DEUX !!!
ELLE EST MIGNONNE... ELLE A SEPT ANS ET RÊVE D'ÊTRE DANSEUSE...
ELLE PREND DES COURS DEUX FOIS PAR SEMAINE À L'ACADÉMIE DE DANSE DE SOUTH PORTLAND SUR LA 17E RUE... TU DOIS BEAUCOUP L'AIMER, TA PETITE FILLE, ALICIA...
BORDEL DE MERDE ! TOUCHE PAS À MA FILLE, OU JE TE CRÈVE !!
COUCHÉ, NÉGRO !!!
TOUT LE MONDE SE CALME...
JE VEUX JUSTE DISCUTER TRANQUILLEMENT AVEC MON NOUVEL AMI, AARON... ON VA PARLER BUSINESS TOUS LES DEUX...
ET TU VAS M'ÉCOUTER BIEN SAGEMENT, NÉGRO... FAIS-LE POUR TA FILLE, SOIS UN BON PÈRE...

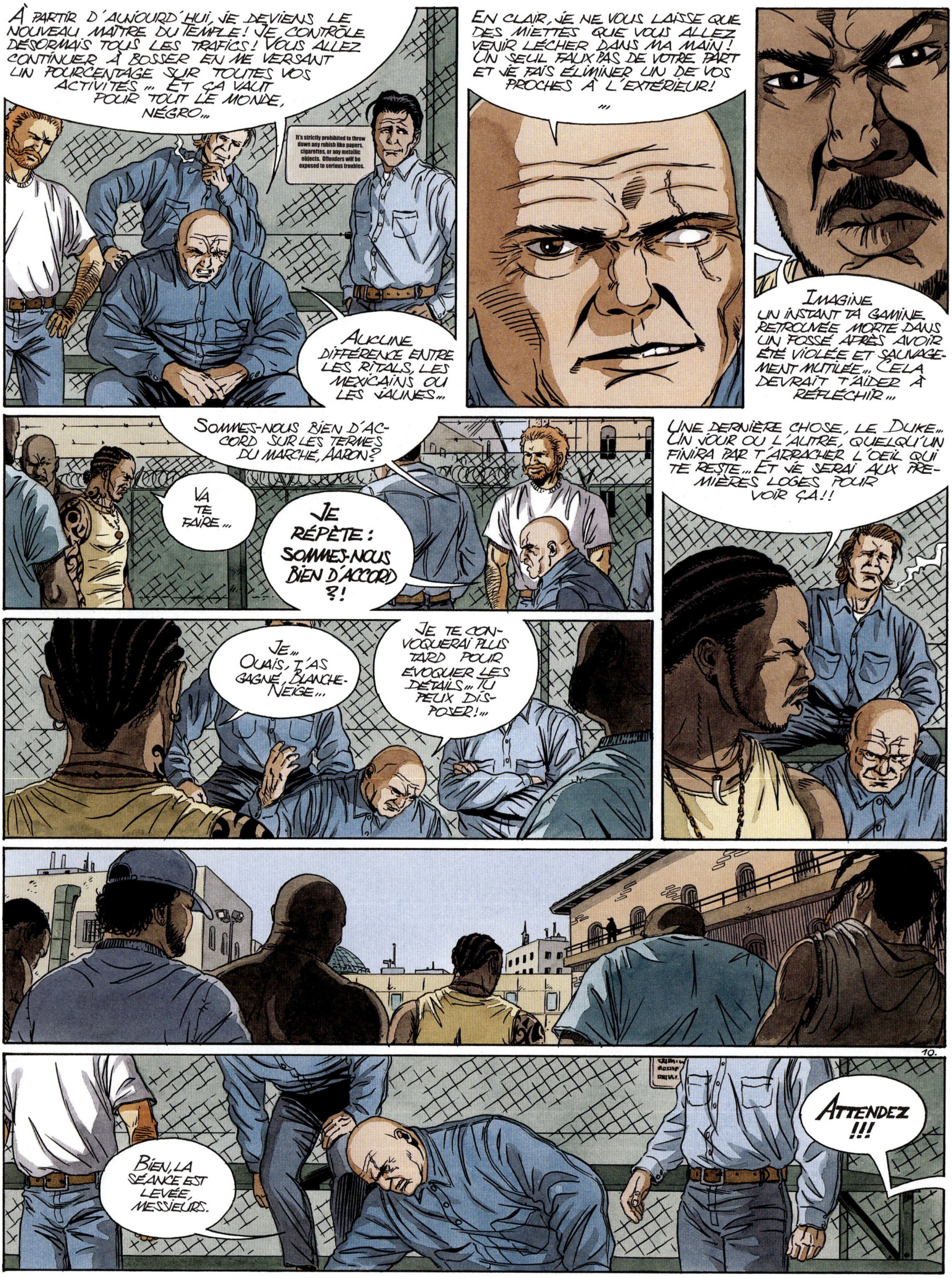
À PARTIR D'AUJOURD'HUI, JE DEVIENS LE NOUVEAU MAÎTRE DU TEMPLE! JE CONTRÔLE DÉSORMAIS TOUS LES TRAFICS! VOUS ALLEZ CONTINUER À BOSSER EN ME VERSANT UN POURCENTAGE SUR TOUTES VOS ACTIVITÉS... ET ÇA VAUT POUR TOUT LE MONDE, NÉGRO...
It's strictly prohibited to throw down any rubish like papers, cigarettes, or any metallic objects. Offenders will be exposed to serious troubles.
AUCUNE DIFFÉRENCE ENTRE LES RITALS, LES MEXICAINS OU LES JAUNES...
EN CLAIR, JE NE VOUS LAISSE QUE DES MIETTES QUE VOUS ALLEZ VENIR LÉCHER DANS MA MAIN! UN SEUL FAUX PAS DE VOTRE PART ET JE FAIS ÉLIMINER UN DE VOS PROCHES À L'EXTÉRIEUR!
...
IMAGINE UN INSTANT TA GAMINE RETROUVÉE MORTE DANS UN FOSSÉ APRÈS AVOIR ÉTÉ VIOLÉE ET SAUVAGEMENT MUTILÉE... CELA DEVRAIT T'AIDER À RÉFLÉCHIR...
SOMMES-NOUS BIEN D'ACCORD SUR LES TERMES DU MARCHÉ, AARON?
VA TE FAIRE...
JE RÉPÈTE : SOMMES-NOUS BIEN D'ACCORD ?!
UNE DERNIÈRE CHOSE, LE DUKE... UN JOUR OU L'AUTRE, QUELQU'UN FINIRA PAR T'ARRACHER L'OEIL QUI TE RESTE... ET JE SERAI AUX PREMIÈRES LOGES POUR VOIR ÇA!!
JE... OUAIS, T'AS GAGNÉ, BLANCHE-NEIGE...
JE TE CONVOQUERAI PLUS TARD POUR ÉVOQUER LES DÉTAILS... TU PEUX DISPOSER!...
BIEN, LA SÉANCE EST LEVÉE, MESSIEURS.
ATTENDEZ !!!

J'AIMERAIS VOUS PARLER, JE VOUS EN PRIE! ...
J'AI BESOIN DE VOUS!!!
NON, NE PARTEZ PAS!!!
JE VOUS DEMANDE DE M'AIDER! J'IMPLORE VOTRE PROTECTION!!!
VIREZ-MOI CET IDIOT!!!
ÇA SUFFIT, DÉGAGE!!
JE VAIS MOURIR ICI!! PROTÉGEZ-MOI, JE VOUS EN SUPPLIE!! JE FERAI TOUT POUR VOUS!!!
LE DUKE EST UN HOMME TRÈS OCCUPÉ, TU PIGES?!... IL N'EN A RIEN À FOUTRE D'UN MINABLE COMME TOI!...
HUUMPH!
JE... JE N'EN PEUX PLUS ...
PROTÉGEZ-MOI...
PROTÉGEZ-MOI...

TU COMPTES FAIRE UN SAUT AU «DEEP BLUE» APRÈS LE BOULOT?
NON, PAS CE SOIR... JE RÉSERVE UNE SURPRISE À MA FEMME...
C'EST NOTRE ANNIVERSAIRE DE MARIAGE! JE VAIS LUI SORTIR LE GRAND JEU! DÎNER AUX CHANDELLES, STANDARD DE SINATRA...
C'EST L'OCCASION DE SE RETROUVER TOUS LES DEUX, ON S'EST UN PEU ÉLOIGNÉS CES DERNIERS TEMPS...
LA ROUTINE, LE POIDS DES ANS, CE N'EST JAMAIS TRÈS BON ...
OH, SALUT, EVA!
SALUT, GEORGE ...
EH BEN, ÇA N'A PAS L'AIR DE S'ARRANGER ENTRE VOUS...
ON CHANGE DE SUJET, D'ACCORD?
OK... SI TU ME DISAIS PLUTÔT OÙ TU EN ES DE TES AMOURS ?
C'EST ÇA QUE TU APPELLES CHANGER DE SUJET ?!
ALLEZ, DIS-MOI TOUT! IL N'Y A PAS UNE FEMME DERRIÈRE LE RETARD DE CE MATIN?... JE LE SENS, CE GENRE DE CHOSE ...
HUM... ÇA SE POURRAIT...
J'EN ÉTAIS SÛR !!!
JE LA CONNAIS?!... OUI, SÛREMENT, JE CONNAIS TOUT LE MONDE À TEMPLETON BAY!!...
TU VEUX UN INDICE?!... ELLE HABITE LA PLUS BELLE MAISON SUR LA CÔTE, AU NORD DE LA VILLE...
OH, JE VOIS ...
MAUREEN SULLIVAN ...

Ravi que ça te fasse plaisir ... tu as un problème avec elle ?!
Non, c'est que... tout le monde la connaît au temple ... tu dois être au courant.
Qui est-ce ?... son ex ? ...
JUSTIN SULLIVAN
964288-01
Au courant de quoi ?!
Elle ne t'a pas mis au parfum ?!
Viens, je vais te montrer quelque chose ...
Son frère, Justin Sullivan... tout son argent n'a pas réussi à lui éviter la taule ...
Il purgeait une peine ici pour trafic de stupéfiants... un dealer des beaux quartiers, tu vois le genre...
FLAHERTY G.
Malheureusement, il n'a pas supporté la détention... on l'a retrouvé un matin pendu près de la blanchisserie...
C'était donc ça... tu sais qui a découvert le corps ? ...
Tu tiens vraiment à le savoir ? ...
Crois-moi, ça ne va pas te plaire ...
Deep Blue

TAC!
JOLI COUP ! ...
UNE BIÈRE, SKINNER ?
HÉ, WONDA ! ...
C'EST SYMPA DE VENIR ME TENIR LE CRACHOIR !
JE NE T'AI PAS VU DEPUIS MON RENVOI DU TEMPLE... TU AS BRUSQUEMENT ENVIE DE DEVENIR MON NOUVEAU POTE, C'EST ÇA ?! ...
LE PROBLÈME, C'EST QUE JE N'AI AUCUNE ENVIE DE VOIR TA PETITE GUEULE !
OU BIEN TU DÉGAGES D'ICI, OU BIEN TU AFFICHES LA COULEUR EN ME DISANT VRAIMENT CE QUE TU ATTENDS DE MOI ! ...
TRÈS BIEN... JE SUIS VENU TE POSER QUELQUES QUESTIONS.
TAC!
AU SUJET D'UN CERTAIN JUSTIN SULLIVAN...
UN DÉTENU QUI S'EST PENDU L'ANNÉE DERNIÈRE... IL PARAÎT QUE C'EST TOI QUI AS TROUVÉ LE CORPS...
OUAIS, ON T'A BIEN RENSEIGNÉ.
JE L'AI DÉCOUVERT PAR HASARD, EN FAISANT UNE RONDE...
LE GENRE DE SOUVENIR QUE JE NE SUIS PAS PRÈS D'OUBLIER...

POURQUOI TU ME RESSORS CETTE VIEILLE HISTOIRE ?
J'AI ENTENDU DIRE QU'IL Y A EU UN NOUVEAU SUICIDE CE MATIN AU TEMPLE, TU FERAIS MIEUX DE T'OCCUPER DE ÇA...
DISONS QUE J'AI MES RAISONS... J'AIMERAIS SAVOIR CE QUI A POUSSÉ SULLIVAN À SE DONNER LA MORT...
ECOUTE, WOJDA, L'ENQUÊTE OFFICIELLE A CONCLU À UN SIMPLE SUICIDE... CE N'EST PAS UN MEURTRE OU UN RÈGLEMENT DE COMPTE... SULLIVAN A MIS FIN À SES JOURS, RIEN À AJOUTER.
ET TOI, SKINNER, TU EN PENSES QUOI ?!... « SIMPLE SUICIDE » ÉGALEMENT ?
TU VEUX CONNAÎTRE LE FOND DE MA PENSÉE ?... TRÈS BIEN...
CE GAMIN N'ÉTAIT PAS SUICIDAIRE, J'EN SUIS CONVAINCU !...
J'IGNORE CE QUI A PU LE POUSSER À FAIRE ÇA, MAIS JE SAIS RECONNAÎTRE UN DÉTENU AU BOUT DU ROULEAU !
ET CE N'ÉTAIT PAS SON CAS...
D'AILLEURS, CE N'EST PAS TOUT...
DANS LES SEMAINES QUI ONT SUIVI, ON A EU CINQ AUTRES SUICIDES, À CROIRE QU'ILS S'ÉTAIENT TOUS DONNÉ LE MOT !... ÇA A FINI PAR SE CALMER...
ON N'A JAMAIS VRAIMENT SU CE QUI S'ÉTAIT PASSÉ... UN COUP DE FOLIE COLLECTIF, UN DÉLIRE INCONSCIENT, FAUT INTERROGER LES PSYS...
MAIS JE ME DEMANDE POURQUOI JE TE RACONTE TOUT ÇA...
JE TE RAPPELLE QUE JE NE BOSSE PLUS LÀ-BAS, ÇA NE ME CONCERNE PLUS... TU M'EXCUSES, MAIS J'AI UNE PARTIE À FINIR...
MERCI QUAND MÊME POUR LA BIÈRE...

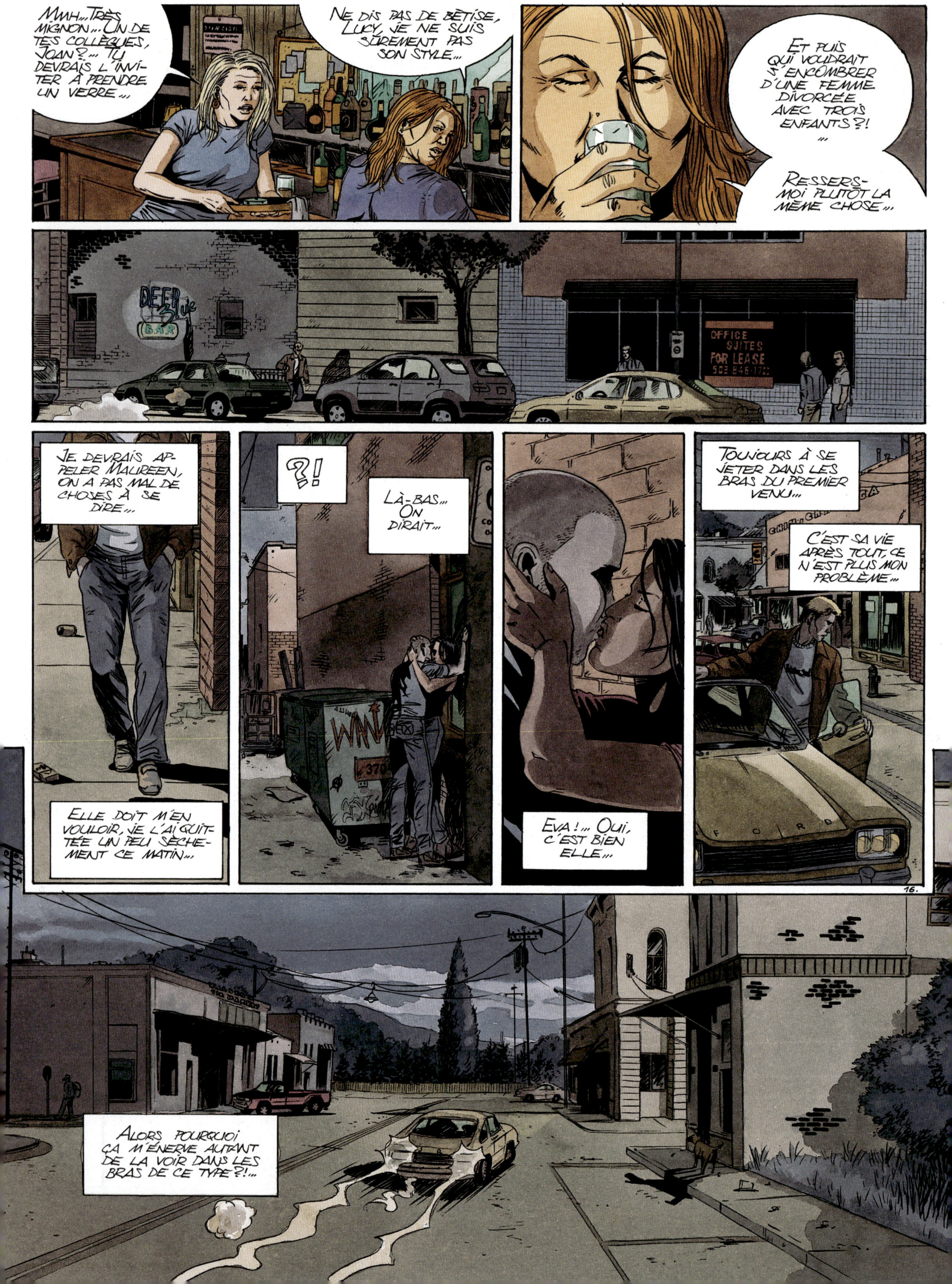
MMH... TRÈS MIGNON... UN DE TES COLLÈGUES, JOAN?... TU DEVRAIS L'INVITER À PRENDRE UN VERRE...
NE DIS PAS DE BÊTISE, LUCY, JE NE SUIS SÛREMENT PAS SON STYLE...
ET PUIS QUI VOUDRAIT S'ENCOMBRER D'UNE FEMME DIVORCÉE AVEC TROIS ENFANTS?!
...
RESSERS-MOI PLUTÔT LA MÊME CHOSE...
DEER Blue BAR
OFFICE SUITES FOR LEASE
JE DEVRAIS APPELER MAUREEN, ON A PAS MAL DE CHOSES À SE DIRE...
ELLE DOIT M'EN VOULOIR, JE L'AI QUITTÉE UN PEU SÈCHEMENT CE MATIN...
?!
LÀ-BAS... ON DIRAIT...
EVA!... OUI, C'EST BIEN ELLE...
TOUJOURS À SE JETER DANS LES BRAS DU PREMIER VENU...
C'EST SA VIE APRÈS TOUT, CE N'EST PLUS MON PROBLÈME...
FORD
ALORS POURQUOI ÇA M'ÉNERVE AUTANT DE LA VOIR DANS LES BRAS DE CE TYPE?!...

KLAK!
LES RÉPÉTITIONS SE SONT UN PEU PROLONGÉES...
TU PEUX ME DIRE À QUOI TU JOUES ?!
J'AI PRÉPARÉ À DÎNER, JE T'AI FAIT TON PLAT PRÉFÉRÉ... C'EST NOTRE ANNIVERSAIRE DE MARIAGE! ...
GEORGE?... QU'EST-CE QUE ÇA SIGNIFIE? ...
JE T'ATTENDAIS, HELEN, TU RENTRES PLUS TÔT DE LA CHORALE D'HABITUDE...
GEORGE, JE T'EN PRIE... TU SAIS TRÈS BIEN QU'ON NE LE FÊTE PLUS DEPUIS DES ANNÉES... À QUOI BON ESSAYER DE FAIRE SEMBLANT? ...
ON NE SE PARLE PLUS, ON SE VOIT À PEINE... IL FAUT ARRÊTER DE SE VOILER LA FACE ...
ECOUTE, JE... JE SUIS ÉPUISÉE ...JE VAIS ME COUCHER! ...
HELEN, ATTENDS!! JE VOULAIS JUSTE ...
IL NE SUFFIT PAS D'UN SIMPLE DÎNER AUX CHANDELLES POUR FAIRE DISPARAÎTRE TOUS NOS PROBLÈMES...
JE SUIS DÉSOLÉE... BONNE NUIT.

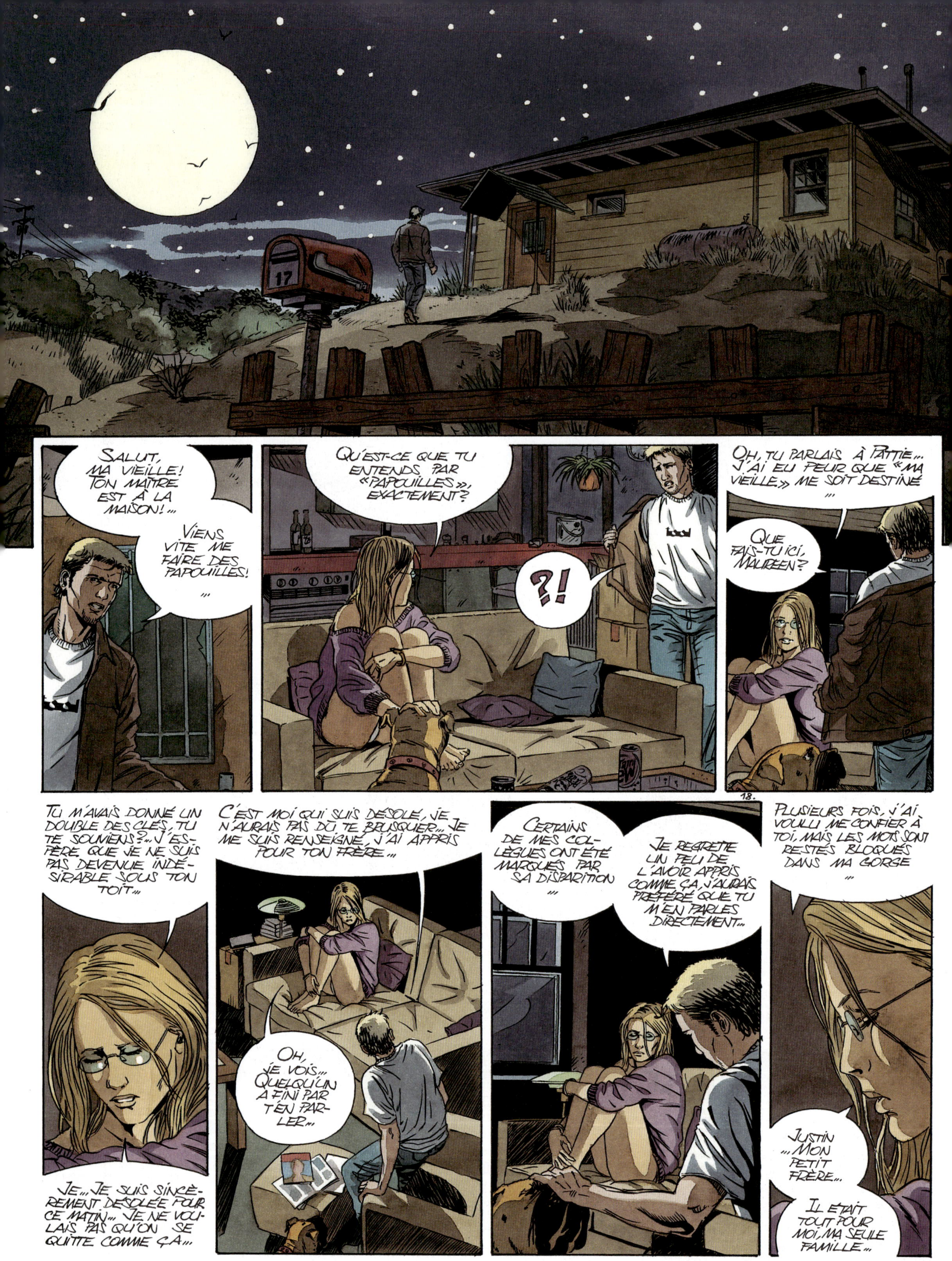
17
SALUT, MA VIEILLE! TON MAÎTRE EST À LA MAISON!...
VIENS VITE ME FAIRE DES PAPOUILLES! ...
QU'EST-CE QUE TU ENTENDS PAR «PAPOUILLES», EXACTEMENT?
?!
OH, TU PARLAIS À PATTIE... J'AI EU PEUR QUE «MA VIEILLE» ME SOIT DESTINÉ ...
QUE FAIS-TU ICI, MAUREEN?
TU M'AVAIS DONNÉ UN DOUBLE DES CLÉS, TU TE SOUVIENS?... J'ESPÈRE QUE JE NE SUIS PAS DEVENUE INDÉSIRABLE SOUS TON TOIT...
JE... JE SUIS SINCÈREMENT DÉSOLÉE POUR CE MATIN... JE NE VOULAIS PAS QU'ON SE QUITTE COMME ÇA...
C'EST MOI QUI SUIS DÉSOLÉ, JE N'AURAIS PAS DÛ TE BRUSQUER... JE ME SUIS RENSEIGNÉ, J'AI APPRIS POUR TON FRÈRE...
OH, JE VOIS... QUELQU'UN A FINI PAR T'EN PARLER...
CERTAINS DE MES COLLÈGUES ONT ÉTÉ MARQUÉS PAR SA DISPARITION ...
JE REGRETTE UN PEU DE L'AVOIR APPRIS COMME ÇA, J'AURAIS PRÉFÉRÉ QUE TU M'EN PARLES DIRECTEMENT...
PLUSIEURS FOIS, J'AI VOULU ME CONFIER À TOI, MAIS LES MOTS SONT RESTÉS BLOQUÉS DANS MA GORGE ...
JUSTIN ... MON PETIT FRÈRE...
IL ÉTAIT TOUT POUR MOI, MA SEULE FAMILLE...

TU AS REMARQUÉ QUE J'AI BEAUCOUP D'ARGENT. C'EST L'HÉRITAGE REÇU À LA MORT DE MES PARENTS...
MON PÈRE AVAIT FAIT FORTUNE DANS L'AGRO-ALIMENTAIRE... C'ÉTAIT UN VRAI BOURREAU DE TRAVAIL, ON NE LE VOYAIT PAS SOUVENT...
DU JOUR AU LENDEMAIN, MA PETITE VIE DORÉE ET INSOUCIANTE S'EST ÉCROULÉE... TOUT ME SEMBLAIT SI FACILE JUSQUE-LÀ...
JAMAIS JE NE PENSAIS À LA MORT ...COMME SI L'ARGENT POUVAIT RENDRE IMMORTEL...
MAIS UNE FOIS PAR AN, IL S'ACCORDAIT UNE PAUSE ET S'ENVOLAIT AVEC MA MÈRE VISITER UNE CAPITALE EUROPÉENNE...
ILS... ILS AVAIENT CHOISI STOCKHOLM CETTE ANNÉE-LÀ... LEUR AVION S'EST ÉCRASÉ EN PLEINE MER BALTIQUE...
IL N'Y A EU AUCUN SURVIVANT.
JE NE SAIS PAS COMMENT J'AI FAIT POUR TENIR LE COUP... J'AI ESSAYÉ DE M'ACCROCHER, POUR JUSTIN... IL N'AVAIT QUE 16 ANS...
MAIS C'ÉTAIT TROP DUR POUR LUI... BEAUCOUP TROP DUR...
IL A FINI PAR SOMBRER...
IL EST DEVENU ACCRO À L'HÉROÏNE... IL TRAÎNAIT AVEC UNE BANDE DE GAMINS AUSSI PAUMÉS QUE LUI... TOUS DÉPENDANTS DE CETTE DROGUE...
MAIS JUSTIN NE SE CONTENTAIT PAS D'EN CONSOMMER, IL EN REVENDAIT AUSSI AUTOUR DE LUI ...
MALGRÉ TOUS MES EFFORTS, MON FRÈRE ÉTAIT DEVENU UN PARFAIT PETIT DEALER!...
IL A FINI PAR SE FAIRE ARRÊTER ... JE LUI AI PAYÉ LES MEILLEURS AVOCATS DU PAYS, MAIS ÇA N'A PAS SUFFI ...
IL ÉTAIT MAJEUR, IL A ÉTÉ CONDAMNÉ À UNE PEINE DE 5 ANS ET ENVOYÉ À TEMPLETON BAY...
JE ME REFUSAIS À L'ABANDONNER... JE SUIS VENUE ICI ET J'AI ACHETÉ CETTE MAISON SUR LA PLAGE...
J'ALLAIS LE VOIR AU PARLOIR PRESQUE TOUS LES JOURS ...
JUSQU'À SA MORT...

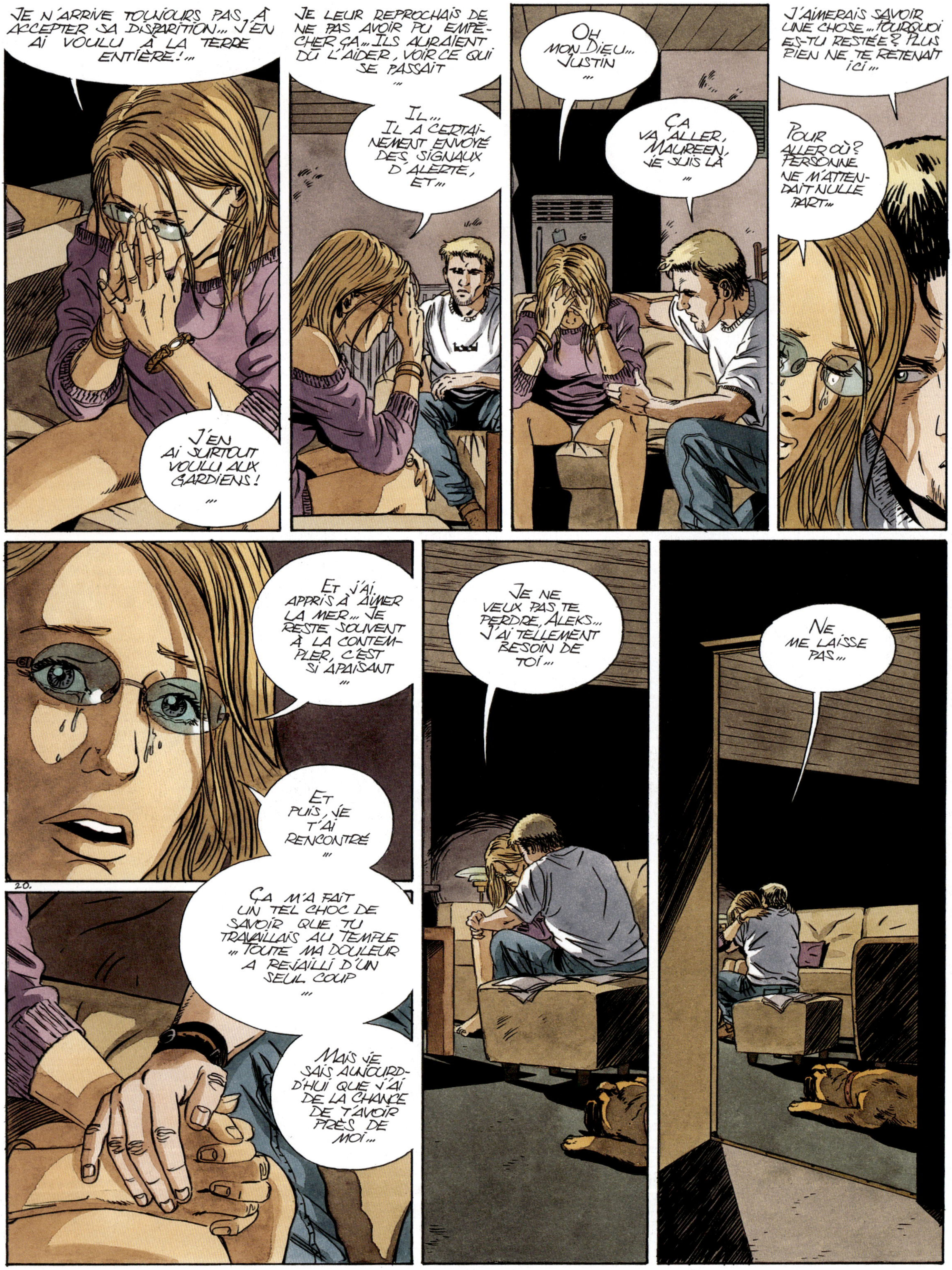
JE N'ARRIVE TOUJOURS PAS À ACCEPTER SA DISPARITION... J'EN AI VOULU À LA TERRE ENTIÈRE !...
J'EN AI SURTOUT VOULU AUX GARDIENS !...
JE LEUR REPROCHAIS DE NE PAS AVOIR PU EMPÊCHER ÇA... ILS AURAIENT DÛ L'AIDER, VOIR CE QUI SE PASSAIT...
IL... IL A CERTAINEMENT ENVOYÉ DES SIGNAUX D'ALERTE, ET...
OH MON DIEU... JUSTIN...
ÇA VA ALLER, MAUREEN, JE SUIS LÀ...
J'AIMERAIS SAVOIR UNE CHOSE... POURQUOI ES-TU RESTÉE ? PLUS RIEN NE TE RETENAIT ICI...
POUR ALLER OÙ ? PERSONNE NE M'ATTENDAIT NULLE PART...
ET J'AI APPRIS À AIMER LA MER... JE RESTE SOUVENT À LA CONTEMPLER, C'EST SI APAISANT...
ET PUIS, JE T'AI RENCONTRÉ...
ÇA M'A FAIT UN TEL CHOC DE SAVOIR QUE TU TRAVAILLAIS AU TEMPLE... TOUTE MA DOULEUR A REJAILLI D'UN SEUL COUP...
MAIS JE SAIS AUJOURD'HUI QUE J'AI DE LA CHANCE DE T'AVOIR PRÈS DE MOI...
JE NE VEUX PAS TE PERDRE, ALEKS... J'AI TELLEMENT BESOIN DE TOI...
NE ME LAISSE PAS...

Seigneur Dieu, je t'en supplie, prends pitié de moi...
Protège-moi du démon...
Il vient me torturer toutes les nuits...
Empêche-le de me faire du mal ...
Je... Je ne t'ai pas souvent prié, je le sais... Pardonne-moi, je ne suis qu'un misérable pécheur ...
Mais je t'en conjure, accorde-moi ta protection...
Aide-moi ! Tu as tout pouvoir sur le monde des ténèbres, et je...
Oh, non... NON ! Je l'entends !...
Il arrive, Seigneur ! ...
Ne... Ne m'abandonne pas !
Ne le laisse pas poser la main sur moi !...
INFERNO

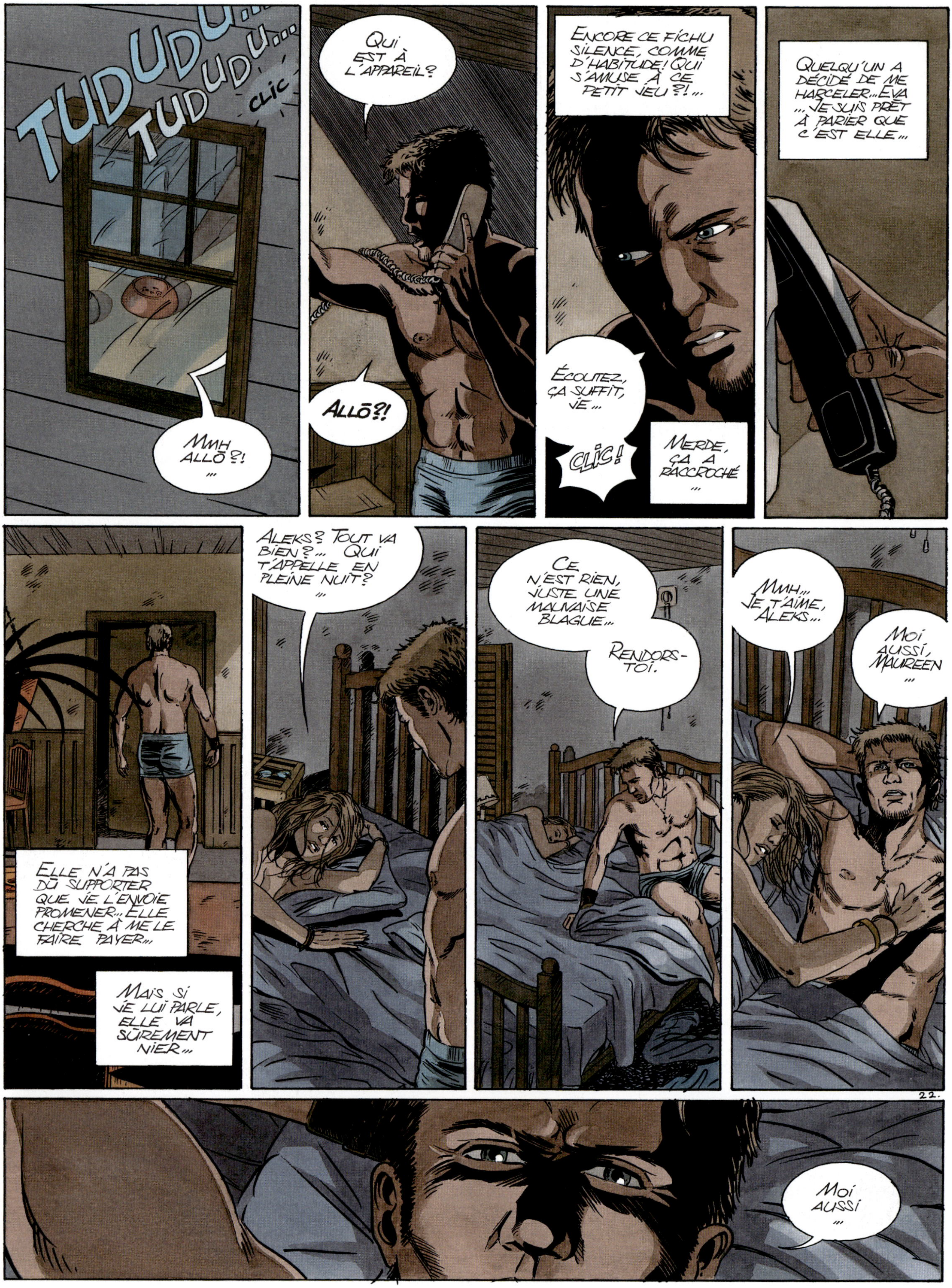
TUDUDU... TUDUDU...
CLIC
MMH ALLÔ ?! ...
QUI EST À L'APPAREIL ?
ALLÔ ?!
ENCORE CE FICHU SILENCE, COMME D'HABITUDE ! QUI S'AMUSE À CE PETIT JEU ?! ...
ÉCOUTEZ, ÇA SUFFIT, JE ...
CLIC !
MERDE, ÇA A RACCROCHÉ ...
QUELQU'UN A DÉCIDÉ DE ME HARCELER... EVA ... JE SUIS PRÊT À PARIER QUE C'EST ELLE ...
ELLE N'A PAS DÛ SUPPORTER QUE JE L'ENVOIE PROMENER... ELLE CHERCHE À ME LE FAIRE PAYER...
MAIS SI JE LUI PARLE, ELLE VA SÛREMENT NIER ...
ALEKS ? TOUT VA BIEN ?... QUI T'APPELLE EN PLEINE NUIT ? ...
CE N'EST RIEN, JUSTE UNE MAUVAISE BLAGUE...
RENDORS-TOI.
MMH... JE T'AIME, ALEKS...
MOI AUSSI, MAUREEN ...
22.
MOI AUSSI ...

OUVERTURE DES PORTES!!! TOUT LE MONDE SORT DE SA CELLULE!
DIRECTION LE RÉFECTOIRE!! EN RANG ET EN SILENCE!!!
BEEEUUARR...
RELÈVE-TOI, LOPETTE!!
OUAIS, ÇA IRA POUR CETTE FOIS...
DÉPÊCHE-TOI, C'EST L'HEURE D'ALLER BOUFFER... J'AI LA DALLE CE MATIN...
TU M'AS ÉPUISÉ CETTE NUIT, PETITE SALOPE!
...
AH! AH! AH!
TU SAIS BIEN QUE J'AI HORREUR DE TE VOIR GERBER! TU CHERCHES À ME CONTRARIER, C'EST ÇA?!
...
JE... DÉSOLÉ, MONSIEUR
...

QU'EST-CE QUE TU VEUX, TOI ?!... RETOURNE À TA PLACE !!!
JE... J'AI BESOIN DE VOUS PARLER, C'EST IMPORTANT...
ACCORDEZ-MOI UNE FAVEUR !! ...
FAITES-MOI CHANGER DE CELLULE !... FAITES-LE, JE VOUS EN SUPPLIE !!!
JE VOIS... UN VOISIN UN PEU TROP ENCOMBRANT, HEIN ?! ...
O.K., JE PEUX ARRANGER ÇA... MAIS TU CONNAIS LES RÈGLES ICI, ON N'A RIEN SANS RIEN ! ...
JE... JE N'AI PAS GRAND-CHOSE... MAIS JE PEUX VOUS DONNER UN PEU D'ARGENT, JE TRAVAILLE, ET...
ALLONS, TU PEUX MIEUX FAIRE QUE ÇA !!
JE T'AI DÉJÀ VU AU PARLOIR CONJUGAL, N'EST-CE PAS ?!... TU Y RETROUVES TA PETITE FEMME ADORÉE...
RÉFLÉCHIS BIEN, TU ES SÛR DE N'AVOIR RIEN À M'OFFRIR ?!
?!

JE... JE NE COMPRENDS PAS...
JE VAIS DONC LE DIRE CLAIREMENT!... LA SEULE CHOSE QUI M'INTÉRESSE CHEZ TOI, C'EST TA FEMME!
LES PAUVRES ÉPOUSES ÉPLORÉES, ÇA M'EXCITE! ...
VOILÀ LE MARCHÉ: JE PASSE UN MOMENT EN TÊTE À TÊTE AVEC ELLE ET TU OBTIENDRAS DE MOI TOUT CE QUE TU VEUX!...
FINI LES NUITS À TE FAIRE MONTER DESSUS!...
VOUS... VOUS ÊTES MONSTRUEUX!! JAMAIS JE N'ACCEPTERAI ÇA!!! N'APPROCHEZ PAS DE MA FEMME, OU JE...
TU QUOI?!... TU ME CASSES LA GUEULE ET TU EN PRENDS POUR 20 ANS DE PLUS?!... RESTONS-EN LÀ POUR LE MOMENT, ÇA VAUT MIEUX...
MAIS MA PROPOSITION TIENT TOUJOURS, N'OUBLIE PAS! ...
MES AMITIÉS À TON CAMARADE DE CHAMBRE ...

MA FEMME ME TROMPE, J'EN SUIS CONVAINCU.
ELLE SE MAQUILLE SANS ARRÊT, ACHÈTE DE JOLIES ROBES... JE SUIS SÛR QUE C'EST POUR PLAIRE À SON AMANT...
ELLE PASSE TOUT SON TEMPS À SA FICHUE CHORALE, C'EST LÀ QU'ELLE DOIT LE RETROUVER!
...
PARLEZ-MOI PLUTÔT DE VOUS, GEORGE, DE VOTRE RELATION AVEC VOTRE ÉPOUSE
...
VOUS ME DISIEZ FAIRE CHAMBRE À PART DEPUIS PLUSIEURS MOIS... SAVEZ-VOUS CE QUI A CONDUIT À CETTE SITUATION?... QUELLE EST VOTRE PART DE RESPONSABILITÉ?
...
26.
VOUS INSINUEZ QUOI? QUE C'EST DE MA FAUTE?!
D'ACCORD, JE NE SUIS PAS LE MARI IDÉAL, MAIS J'AI TOUJOURS RESPECTÉ MA FEMME!...
MAIS ELLE PRÉFÈRE ALLER VOIR AILLEURS, ELLE SE MOQUE DE MOI! JE LUI AI TOUT DONNÉ, PENDANT DES ANNÉES, J'AI DROIT À UN PEU PLUS DE CONSIDÉRATION!!!
VOUS DEVRIEZ VOUS CALMER.
JE... OUAIS, DÉSOLÉ... JE SUIS UN PEU SUR LES NERFS CES DERNIERS TEMPS... LE SURMENAGE, SANS DOUTE...
DE TOUTE ÉVIDENCE, VOUS N'AVEZ PAS DÉPASSÉ LE TRAUMATISME DE VOTRE AGRESSION
...
LES SYMPTÔMES SONT LÀ: STRESS, AGRESSIVITÉ, PARANOÏA
...
VOUS AVEZ BESOIN DE PRENDRE DU RECUL... JE VAIS VOUS METTRE EN ARRÊT MALADIE...
NON!! NE ME RENVOYEZ PAS CHEZ MOI!
...

BOSSER ICI, C'EST TOUTE MA VIE! JE VAIS DEVENIR FOU À TOURNER EN ROND DANS MON SALON ! ...
DONNEZ-MOI PLUTÔT QUELQUE CHOSE POUR TENIR... VOUS AVEZ SÛREMENT DES MÉDOCS EFFICACES !?
CE N'EST PAS UNE SOLUTION, VOUS LE SAVEZ ...
POURQUOI NE PAS COMMENCER UN TRAVAIL EN PROFONDEUR SUR VOUS-MÊME ?! ...
VOUS POURRIEZ PARLER DE VOS PROBLÈMES PLUS LONGUEMENT...
OH, JE... M'ALLONGER SUR LE DIVAN ?! NON, JE... JE NE SUIS PAS PRÊT...
C'EST AHURISSANT DE VOIR QU'UN SIMPLE CANAPÉ PEUT AUTANT EFFRAYER LES GENS...
CELA SERAIT POURTANT BÉNÉFIQUE POUR VOUS ...
BON, JE VAIS QUAND MÊME VOUS PRESCRIRE DES ANXIOLYTIQUES, MAIS CE N'EST QUE TEMPORAIRE...
JE TIENS À VOUS REVOIR LA SEMAINE PROCHAINE... BON COURAGE D'ICI-LÀ, GEORGE...
PRENEZ BIEN SOIN DE VOUS ...
KLONG!
PAS MAL... TU PEUX ENCORE AJOUTER UNE DIZAINE DE KILOS! ...
HÉ, J'AI PAS BESOIN DE COACH!... QU'EST-CE QUE VOUS ME VOULEZ ?!

JE VEUX JUSTE DISCUTER ...TU TE SOUVIENS DE JUSTIN SULLIVAN ? IL PARTAGEAIT TA CELLULE L'ANNÉE DERNIÈRE, JUSTE AVANT DE SE DONNER LA MORT ...
ENCORE CETTE VIEILLE HISTOIRE ...
J'Y SUIS POUR RIEN, J'AI DÉJÀ TOUT RACONTÉ... J'L'AI JAMAIS TOUCHÉ, JE M'ENVOYAIS PAS EN L'AIR AVEC LUI...
LES MECS, C'EST PAS MON TRUC... J'PRÉFÈRE LES GROS CULS DE FEMELLE !
PEUT-ÊTRE QUE TU AVAIS UN COMPTE À RÉGLER AVEC LUI...
VOUS ÊTES VRAIMENT À CÔTÉ DE LA PLAQUE... ON ÉTAIT DEVENUS POTES TOUS LES DEUX, C'ÉTAIT UN MEC COOL... IL VOULAIT VRAIMENT S'EN SORTIR... IL SUIVAIT MÊME UN TRAITEMENT POUR ARRÊTER LA DOPE...
IL NE LUI RESTAIT QUE QUELQUES MOIS À TIRER... J'COMPRENDS PAS POURQUOI IL A FAIT ÇA, IL A VRAIMENT PÉTÉ LES PLOMBS !
FAUT ÊTRE UN VRAI DUR POUR TENIR ICI, IL N'AVAIT PAS LA CARRURE ! ...
C'ÉTAIT JUSTE UN GOSSE AVEC UNE PETITE GUEULE D'ANGE !... IL NE POUVAIT PAS SURVIVRE EN ENFER !...
C'EST TOUT CE QUE J'AI À DIRE, DÉSOLÉ ...
OUAIS, JE TE LAISSE T'AMUSER AVEC TES HALTÈRES ...
TU N'OUBLIERAS PAS DE PRENDRE UNE DOUCHE !...
TU TRANSPIRES VRAIMENT COMME UN PORC ! ...
AVOUEZ QUE ÇA VOUS EXCITE ! HA ! HA ! HA ! ...
ALEKS ...

IL PARAÎT QUE TU AS DISCUTÉ AVEC SKINNER HIER SOIR?!... JE CROYAIS QUE TU NE POUVAIS PAS L'ENCADRER...
JE SUIS TOMBÉ SUR LUI EN ALLANT PRENDRE UN VERRE...
J'AI JUSTE ÉTÉ POLI AVEC LUI, C'EST TOUT...
TU NE VOULAIS PAS LUI PARLER DE JUSTIN SULLIVAN ?!
O.K... GEORGE A CRACHÉ LE MORCEAU...
BAH, FALLAIT T'EN DOUTER...
SI JE PEUX TE DONNER UN CONSEIL, LAISSE TOMBER CETTE VIEILLE HISTOIRE.
TU NE PEUX PAS RESSUSCITER LES DÉTENUS MORTS DANS LE PASSÉ... SI TU VEUX JOUER AU BON SAMARITAIN, OCCUPE-TOI PLUTÔT DE CEUX QUI SONT ENCORE EN VIE...
29.
Restricted Area
orized
Only

TOXIC
methylated alcohol 90°
SCRRK

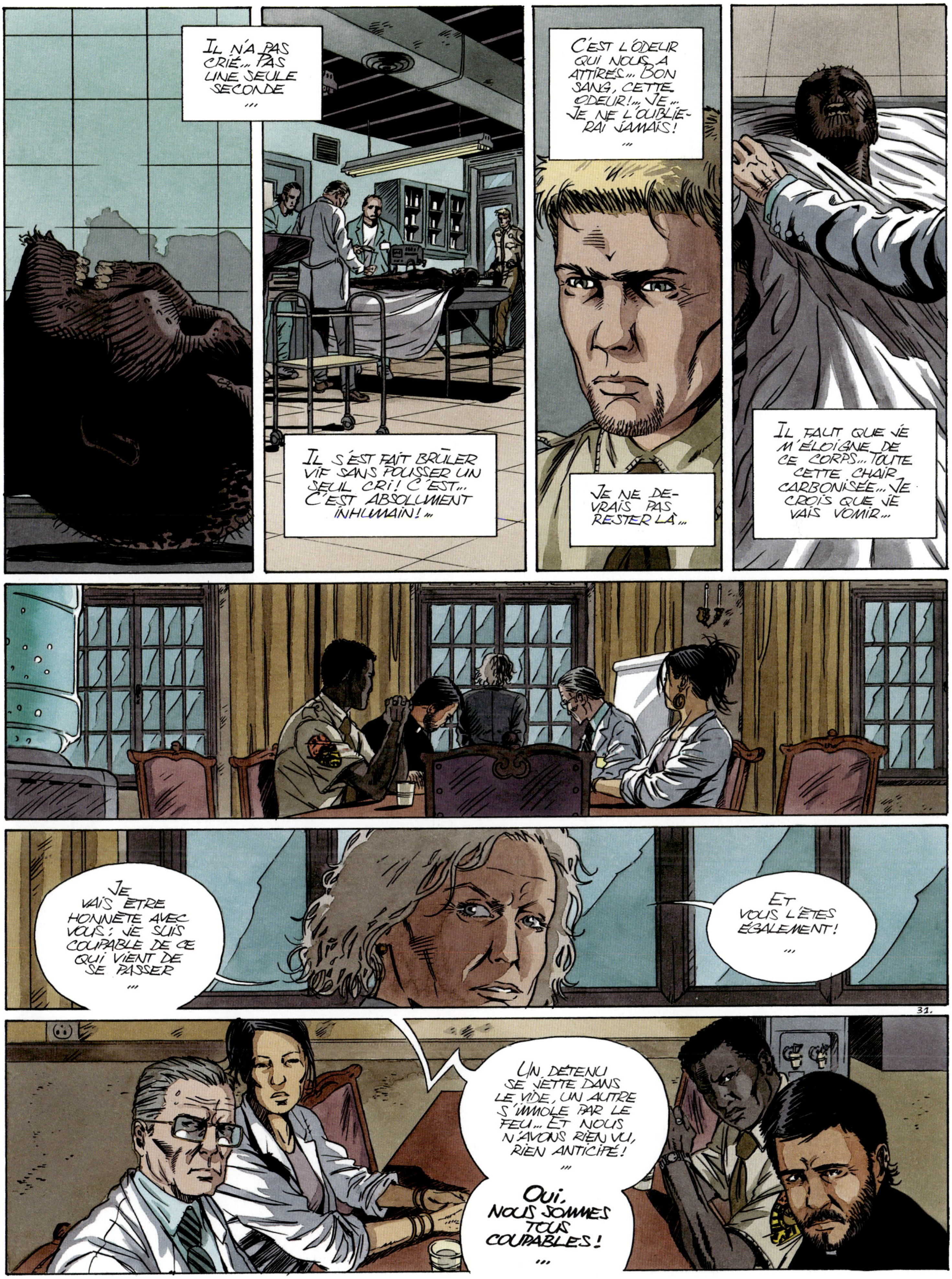

IL N'A PAS CRIÉ... PAS UNE SEULE SECONDE ...
IL S'EST FAIT BRÛLER VIF SANS POUSSER UN SEUL CRI! C'EST... C'EST ABSOLUMENT INHUMAIN! ...
C'EST L'ODEUR QUI NOUS A ATTIRÉS... BON SANG, CETTE ODEUR!... JE... JE NE L'OUBLIERAI JAMAIS! ...
JE NE DEVRAIS PAS RESTER LÀ...
IL FAUT QUE JE M'ÉLOIGNE DE CE CORPS... TOUTE CETTE CHAIR CARBONISÉE... JE CROIS QUE JE VAIS VOMIR...
JE VAIS ÊTRE HONNÊTE AVEC VOUS: JE SUIS COUPABLE DE CE QUI VIENT DE SE PASSER ...
ET VOUS L'ÊTES ÉGALEMENT! ...
31.
UN DÉTENU SE JETTE DANS LE VIDE, UN AUTRE S'IMMOLE PAR LE FEU... ET NOUS N'AVONS RIEN VU, RIEN ANTICIPÉ! ...
OUI, NOUS SOMMES TOUS COUPABLES! ...

JE COMPRENDS VOTRE ÉMOI, MADAME LA DIRECTRICE, MAIS IL ME SEMBLE INAPPROPRIÉ DE RAJOUTER UN SENTIMENT DE CULPABILITÉ À CETTE TRISTE HISTOIRE...
QUE SUGGÉREZ-VOUS, MON PÈRE? QU'ON S'EN LAVE LES MAINS?!
PAS DU TOUT... MAIS ABORDONS LA SITUATION OBJECTIVEMENT, SANS Y MÊLER DE VIEUX RÉFLEXES DE MORALE JUDÉO-CHRÉTIENNE...
BIEN... MR. WOODS, POUVEZ-VOUS NOUS PARLER DE NOS VICTIMES?... «OBJECTIVEMENT», BIEN ENTENDU...
SAM MITCHELL ET GREG JOHNSON... DEUX DÉTENUS QUI PURGEAIENT DE COURTES PEINES...
CONDUITE EN ÉTAT D'IVRESSE POUR LE PREMIER, FRAUDE FISCALE POUR LE SECOND... DES PRISONNIERS MODÈLES, AUCUN ACTE DE VIOLENCE, AUCUNE AGRESSION VERBALE...
MES HOMMES N'ONT JAMAIS EU DE PROBLÈME AVEC EUX...
SUR LE PLAN PSYCHIATRIQUE, IL N'Y A RIEN À SIGNALER...
AUCUN TROUBLE DU COMPORTEMENT, PAS LA MOINDRE TRACE D'IDÉE SUICIDAIRE AVANT LE PASSAGE À L'ACTE...
LEUR DOSSIER MÉDICAL NE NOUS APPREND RIEN DE PLUS : JUSTE DES PROBLÈMES BANALS D'INSOMNIE OU D'ANXIÉTÉ PASSAGÈRE... AUCUNE PATHOLOGIE LOURDE...
POUR MOI, L'HYPOTHÈSE LA PLUS PROBABLE EST QUE CES DÉTENUS ÉTAIENT EN PROIE À UN PSYCHOTROPE HALLUCINOGÈNE EXTRÊMEMENT PUISSANT...
UNE DROGUE POUR ÊTRE CLAIR...
32.
ET CETTE DROGUE, À L'ORIGINE DE CES PASSAGES À L'ACTE MEURTRIERS, CIRCULE À NOTRE INSU DANS L'ENCEINTE MÊME DU PÉNITENCIER...
CE QUI SIGNIFIE DE NOUVELLES VICTIMES POTENTIELLES ...

A QUELLE SUBSTANCE PENSEZ-VOUS EXACTEMENT ?
CRACK? HÉROÏNE? ...
RIEN DE TOUT ÇA... IL SEMBLERAIT QUE NOUS AYONS AFFAIRE À UN PRODUIT TOTALEMENT INÉDIT DONT LES EFFETS SUR LE SYSTÈME NERVEUX SONT DÉVASTATEURS.
JE VOIS... CELA M'AMÈNE DONC À UNE NOUVELLE QUESTION ...
Qui A INTRODUIT CETTE NOUVELLE DROGUE DANS MA PRISON? ...
UNE PETITE PARTIE D'ÉCHECS, CHEF WOODS ?!
JE NE TROUVE PLUS AUCUN ADVERSAIRE À MA MESURE ...
J'EN SUIS RÉDUIT À JOUER CONTRE MES HOMMES... MAIS AUCUN D'EUX N'EST CAPABLE DE TENIR PLUS DE DIX MINUTES, LEUR CAPACITÉ INTELLECTUELLE NE VA PAS AU-DELÀ ...
DÉSOLÉ, LE DUKE, MAIS J'AI BEAUCOUP MIEUX À FAIRE...
FOUILLER TA CELLULE PAR EXEMPLE... À LA RECHERCHE DE PREUVES CONCERNANT UN NOUVEAU TRAFIC DE DROGUE QUE TU AURAIS MIS EN PLACE...
OH, GRAVE ACCUSATION, CHEF... VOUS BAFOUEZ MON HONNEUR D'HONNÊTE HOMME!...
NE TE FOUS PAS DE MA GUEULE! TU VIENS À PEINE D'ARRIVER ICI ET TU CHERCHES DÉJÀ À CONTRÔLER TOUS LES BUSINESS! ...
SI J'APPRENDS QUE TU AS QUELQUE CHOSE À VOIR AVEC LES DERNIERS SUICIDES, «L'HONNÊTE HOMME» QUE TU ES RISQUE D'AVOIR DE GROS PROBLÈMES! ...
MES HOMMES ONT PARFOIS LA MATRAQUE QUI LES DÉMANGE ...
02
33.

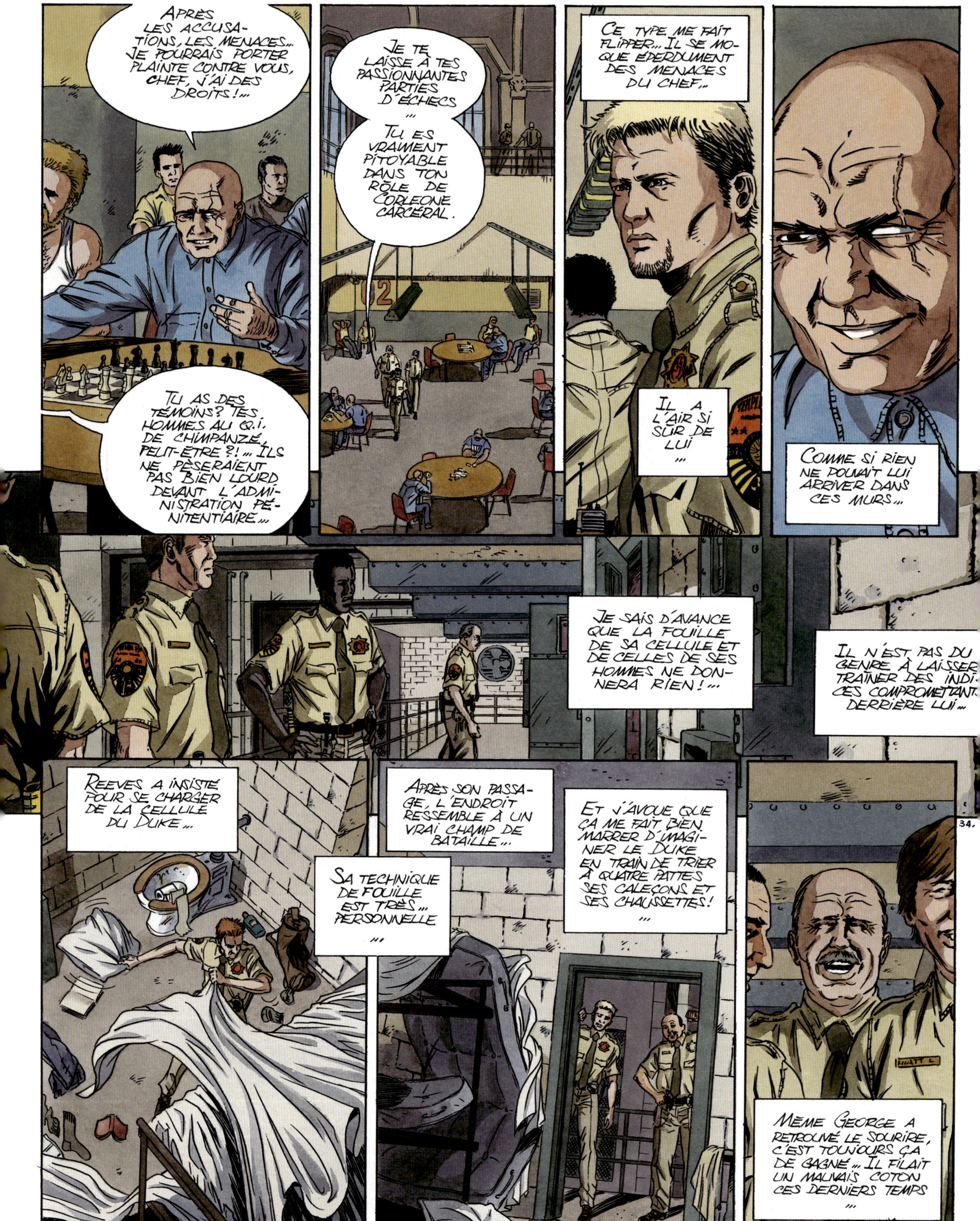
APRÈS LES ACCUSATIONS, LES MENACES... JE POURRAIS PORTER PLAINTE CONTRE VOUS, CHEF, J'AI DES DROITS!...
TU AS DES TÉMOINS? TES HOMMES AU Q.I. DE CHIMPANZÉ, PEUT-ÊTRE?!... ILS NE PÈSERAIENT PAS BIEN LOURD DEVANT L'ADMINISTRATION PÉNITENTIAIRE...
JE TE LAISSE À TES PASSIONNANTES PARTIES D'ÉCHECS ...
TU ES VRAIMENT PITOYABLE DANS TON RÔLE DE CORLEONE CARCÉRAL.
CE TYPE ME FAIT FLIPPER... IL SE MOQUE ÉPERDUMENT DES MENACES DU CHEF...
IL A L'AIR SI SÛR DE LUI ...
COMME SI RIEN NE POUVAIT LUI ARRIVER DANS CES MURS...
JE SAIS D'AVANCE QUE LA FOUILLE DE SA CELLULE ET DE CELLES DE SES HOMMES NE DONNERA RIEN!...
IL N'EST PAS DU GENRE À LAISSER TRAÎNER DES INDICES COMPROMETTANTS DERRIÈRE LUI...
REEVES A INSISTÉ POUR SE CHARGER DE LA CELLULE DU DUKE...
SA TECHNIQUE DE FOUILLE EST TRÈS... PERSONNELLE ...
APRÈS SON PASSAGE, L'ENDROIT RESSEMBLE À UN VRAI CHAMP DE BATAILLE...
ET J'AVOUE QUE ÇA ME FAIT BIEN MARRER D'IMAGINER LE DUKE EN TRAIN DE TRIER À QUATRE PATTES SES CALEÇONS ET SES CHAUSSETTES! ...
MÊME GEORGE A RETROUVÉ LE SOURIRE, C'EST TOUJOURS ÇA DE GAGNÉ... IL FILAIT UN MAUVAIS COTON CES DERNIERS TEMPS ...

JE SAVAIS QUE JE TE TROUVERAIS ICI, LOPETTE! ...
?!
TU AIMES TE LA JOUER INTELLO, HEIN? ...
QUE... QUE ME VOULEZ-VOUS?! ...
JE... JE SAIS QUI VOUS ENVOIE ...
SI... SI VOUS ME TOUCHEZ, VOUS IREZ AU TROU, ET ...
ARRÊTE DE FAIRE DANS TON FROC! ...
JE SUIS VENU À LA BIBLI POUR PRENDRE DES BOUQUINS, COMME TOI...
MON AVOCAT M'A DIT DE PRENDRE DES COURS PENDANT QUE J'SUIS EN TAULE... J'AI PAS BEAUCOUP TRAÎNÉ À L'ÉCOLE DANS MA PUTAIN DE VIE...
Y A JUSTE UN PROBLÈME ...
J'SAIS PAS LIRE!!!
WAK!
UUUNH ...

J'ai un message pour toi! Mon boss a toujours envie de se taper ton petit cul!!! Alors tu vas continuer à être bien sage!...
Ouvre encore ta grande gueule et tu deviens la pute de tout notre gang!! Imagine toutes ces queues rien que pour toi!!!
Hhh... Hhhh ...
Bon sang, lâche-le !!!
Il va le tuer!!
Lâche-le, je te dis !!!
Il a perdu connaissance ...
Uunh... O.K... c'est bon! ...
On l'emmène à l'infirmerie, vite!!
Voilà tout le courrier reçu aujourd'hui... Plusieurs centaines de lettres ...
C'est par là qu'arrive une partie de la dope qui circule dans cette prison... Un vrai jeu d'enfant...
Je croyais que toutes les lettres étaient ouvertes...
On manque de personnel pour ça... On vérifie seulement le courrier des prisonniers les plus sensibles... Mais les détenus ont aussi leurs petites astuces...

On n'a pas le droit d'ouvrir les courriers d'avocats... Il suffit de maquiller des papiers pour qu'ils aient l'air de venir de cabinets juridiques ...
Comme ceux-ci ...
On dirait de vrais documents officiels ...
Il ne reste plus qu'à glisser l'héroïne par exemple entre deux feuilles de papier ...
Oh, bien sûr, il ne s'agit que de quelques grammes à chaque fois...
Mais ça suffit pour générer une économie parallèle extrêmement lucrative... Un gramme de dope peut se négocier à plus de 1000 $ ici...
Et les autres circuits d'approvisionnement ?!
Les contacts directs pendant les déplacements au tribunal ...
Ou bien les rencontres avec les proches lors des parloirs privés.
Tu n'imagines pas tout ce qu'une femme est prête à faire pour un mari ou un fils derrière les barreaux ...
O.K., tout est en règle.
Bien, vous pouvez y aller... Salle du fond...
Vous avez une heure ...
Elle est arrivée ...

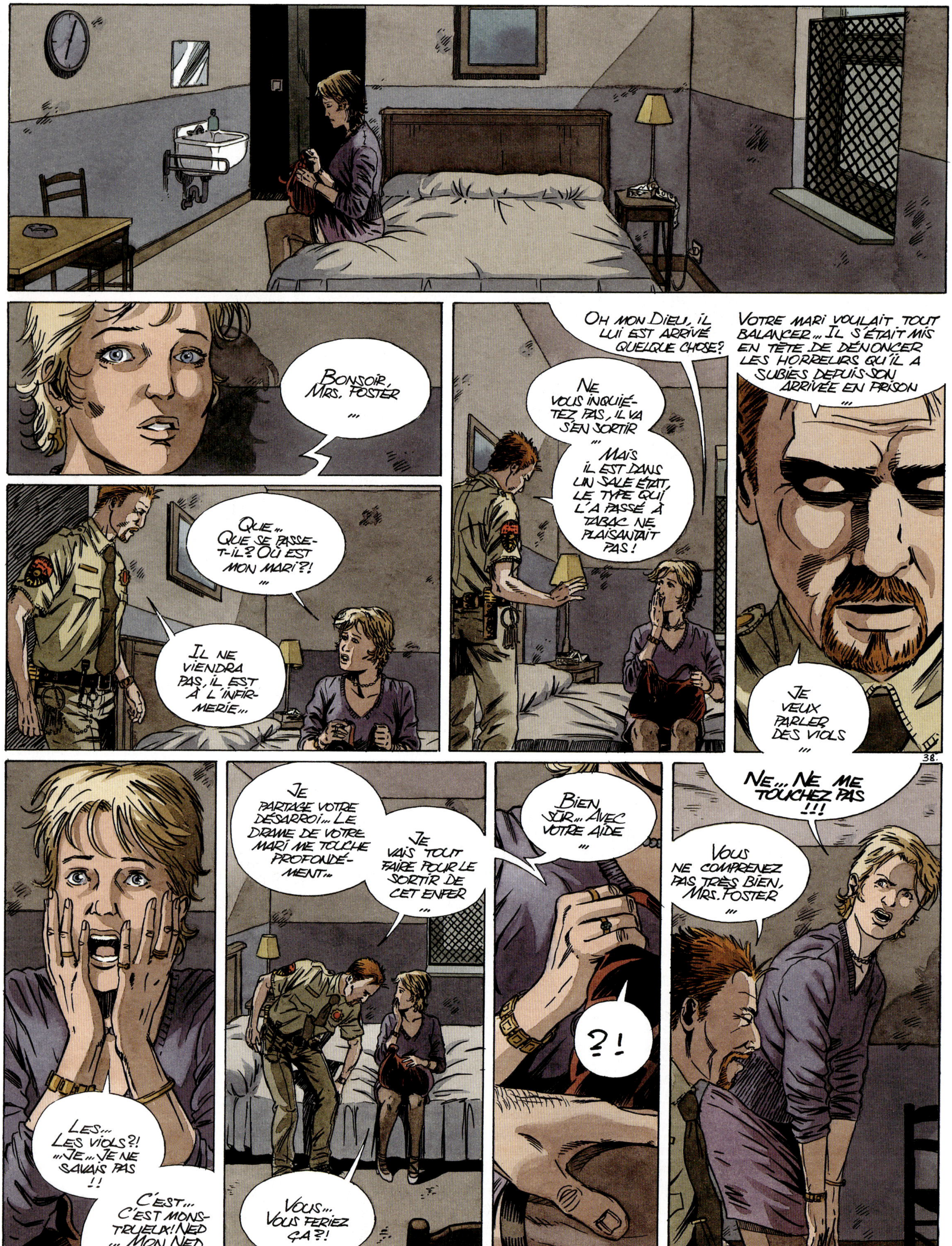
Bonsoir, Mrs. Foster
...
Que... Que se passe-t-il? Où est mon mari?!
...
Il ne viendra pas, il est à l'infirmerie...
Oh mon Dieu, il lui est arrivé quelque chose?
Ne vous inquiétez pas, il va s'en sortir
...
Mais il est dans un sale état, le type qui l'a passé à tabac ne plaisantait pas!
Votre mari voulait tout balancer... Il s'était mis en tête de dénoncer les horreurs qu'il a subies depuis son arrivée en prison
...
Je veux parler des viols
...
Les... Les viols?! ...Je... Je ne savais pas
!!
C'est... C'est monstrueux! Ned ... Mon Ned chéri! ...
Je partage votre désarroi... Le drame de votre mari me touche profondément...
Je vais tout faire pour le sortir de cet enfer
Vous... Vous feriez ça?!
...
Bien sûr... Avec votre aide
...
?!
Ne... Ne me touchez pas
!!!
Vous ne comprenez pas très bien, Mrs. Foster
...

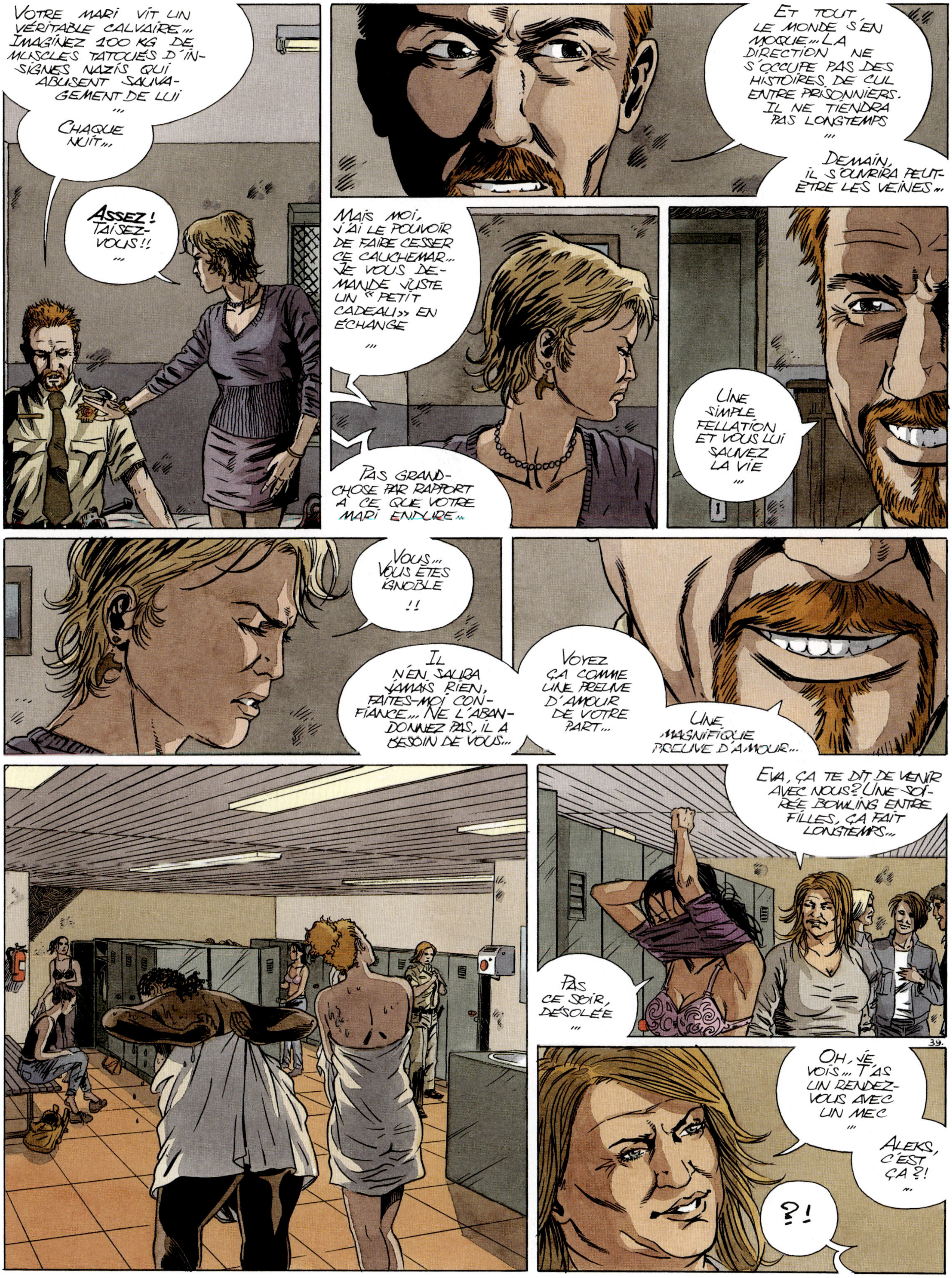
VOTRE MARI VIT UN VÉRITABLE CALVAIRE... IMAGINEZ 100 KG DE MUSCLES TATOUÉS D'INSIGNES NAZIS QUI ABUSENT SAUVAGEMENT DE LUI ...
CHAQUE NUIT...
ET TOUT LE MONDE S'EN MOQUE... LA DIRECTION NE S'OCCUPE PAS DES HISTOIRES DE CUL ENTRE PRISONNIERS. IL NE TIENDRA PAS LONGTEMPS ...
DEMAIN, IL S'OUVRIRA PEUT-ÊTRE LES VEINES...
ASSEZ ! TAISEZ-VOUS !! ...
MAIS MOI, J'AI LE POUVOIR DE FAIRE CESSER CE CAUCHEMAR... JE VOUS DEMANDE JUSTE UN « PETIT CADEAU » EN ÉCHANGE ...
PAS GRAND-CHOSE PAR RAPPORT À CE QUE VOTRE MARI ENDURE...
UNE SIMPLE FELLATION ET VOUS LUI SAUVEZ LA VIE ...
VOUS... VOUS ÊTES IGNOBLE !!
IL N'EN SAURA JAMAIS RIEN, FAITES-MOI CONFIANCE... NE L'ABANDONNEZ PAS, IL A BESOIN DE VOUS...
VOYEZ ÇA COMME UNE PREUVE D'AMOUR DE VOTRE PART...
UNE MAGNIFIQUE PREUVE D'AMOUR...
EVA, ÇA TE DIT DE VENIR AVEC NOUS ? UNE SOIRÉE BOWLING ENTRE FILLES, ÇA FAIT LONGTEMPS...
PAS CE SOIR, DÉSOLÉE ...
OH, JE VOIS... T'AS UN RENDEZ-VOUS AVEC UN MEC ...
ALEKS, C'EST ÇA ?! ...
?!

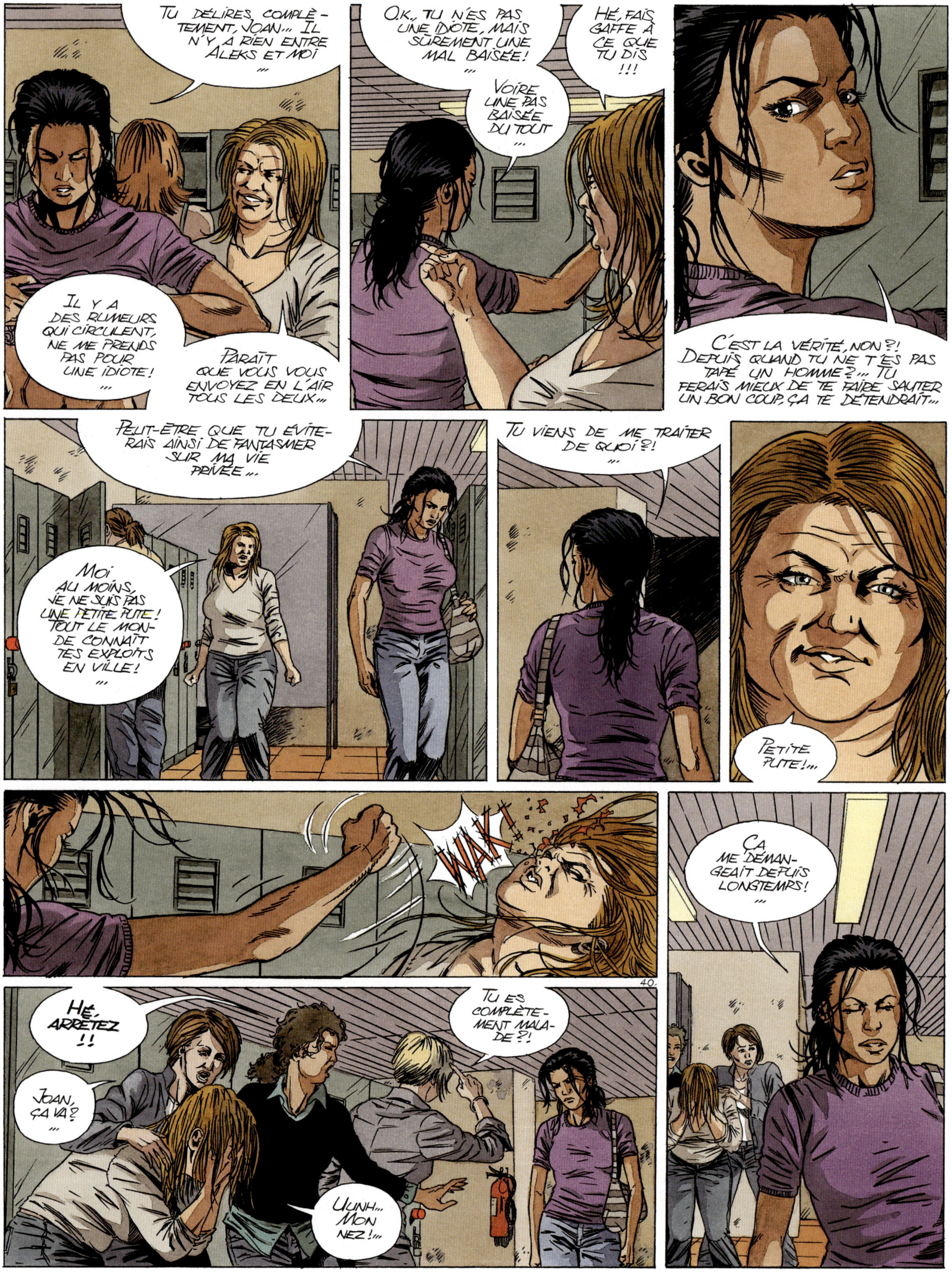
TU DÉLIRES COMPLÈTEMENT, JOAN... IL N'Y A RIEN ENTRE ALEKS ET MOI ...
IL Y A DES RUMEURS QUI CIRCULENT, NE ME PRENDS PAS POUR UNE IDIOTE ! ...
PARAÎT QUE VOUS VOUS ENVOYEZ EN L'AIR TOUS LES DEUX...
O.K., TU N'ES PAS UNE IDIOTE, MAIS SÛREMENT UNE MAL BAISÉE ! ...
VOIRE UNE PAS BAISÉE DU TOUT ...
HÉ, FAIS GAFFE À CE QUE TU DIS !!!
C'EST LA VÉRITÉ, NON ?! DEPUIS QUAND TU NE T'ES PAS TAPÉ UN HOMME ?... TU FERAIS MIEUX DE TE FAIRE SAUTER UN BON COUP, ÇA TE DÉTENDRAIT...
PEUT-ÊTRE QUE TU ÉVITERAIS AINSI DE FANTASMER SUR MA VIE PRIVÉE...
MOI AU MOINS, JE NE SUIS PAS UNE PETITE PUTE ! TOUT LE MONDE CONNAÎT TES EXPLOITS EN VILLE ! ...
TU VIENS DE ME TRAITER DE QUOI ?! ...
PETITE PUTE !...
WAK !
ÇA ME DÉMANGEAIT DEPUIS LONGTEMPS ! ...
HÉ, ARRÊTEZ !!
JOAN, ÇA VA ? ...
TU ES COMPLÈTEMENT MALADE ?!
UUNH... MON NEZ !...

ÇA TE FOUT LES BOULES, HEIN ?!... C'EST MOI QUI AI FOUTU LE SOUK DANS TA CELLULE...
ET TU VAS LA REMETTRE EN ORDRE TOUT SEUL COMME UN GRAND, SANS L'AIDE DE TES HOMMES...
JUSTE UNE PETITE HUMILIATION SANS IMPORTANCE... PEU DE CHOSE COMPARÉ À TA FAÇON DE M'AVOIR ÉCARTÉ DE TOUS TES TRAFICS
... LAISSE-MOI T'EXPLIQUER COMMENT ÇA SE PASSAIT AVANT TON ARRIVÉE...
TOUS LES CHEFS DE GANG SAVAIENT QU'ILS DEVAIENT PASSER PAR MOI POUR AVOIR LES COUDÉES FRANCHES ET ASSURER LEUR PETIT BUSINESS... JE PRENAIS MA PART DU GÂTEAU AU PASSAGE, ET TOUT LE MONDE ÉTAIT CONTENT
...
MAIS LE PUISSANT DUKE A DÉCIDÉ DE FOUTRE EN L'AIR CETTE ORGANISATION, N'EST-CE PAS ?
...
LE PUISSANT DUKE PENSE POUVOIR SE PASSER DE MA MISÉRABLE PRÉSENCE
...
DES CONNERIES, TOUT ÇA !!! RIEN NE SE FAIT ICI SANS MA BÉNÉDICTION !
...
ET PERSONNE NE PEUT ALLER CONTRE ÇA !
...
PAS MÊME TOI !!
J'EXIGE DE RETROUVER LA PLACE QUI EST LA MIENNE ! RÉFLÉCHIS BIEN À TOUT ÇA !...
TU AS 24 HEURES POUR ME DONNER TON ACCORD...
EN ATTENDANT, JE TE LAISSE FAIRE UN PEU DE MÉNAGE...
ET PROFITES-EN POUR NETTOYER LA CUVETTE DES CHIOTTES, C'EST UNE VÉRITABLE INFECTION, CETTE CELLULE !
41.

JE NE SUIS PAS UNE PUTE!! ...
NON, JE NE SUIS PAS COMME ÇA...
JE NE SUIS PAS UNE PUTE...
?!
ET MERDE ...
EVA ...

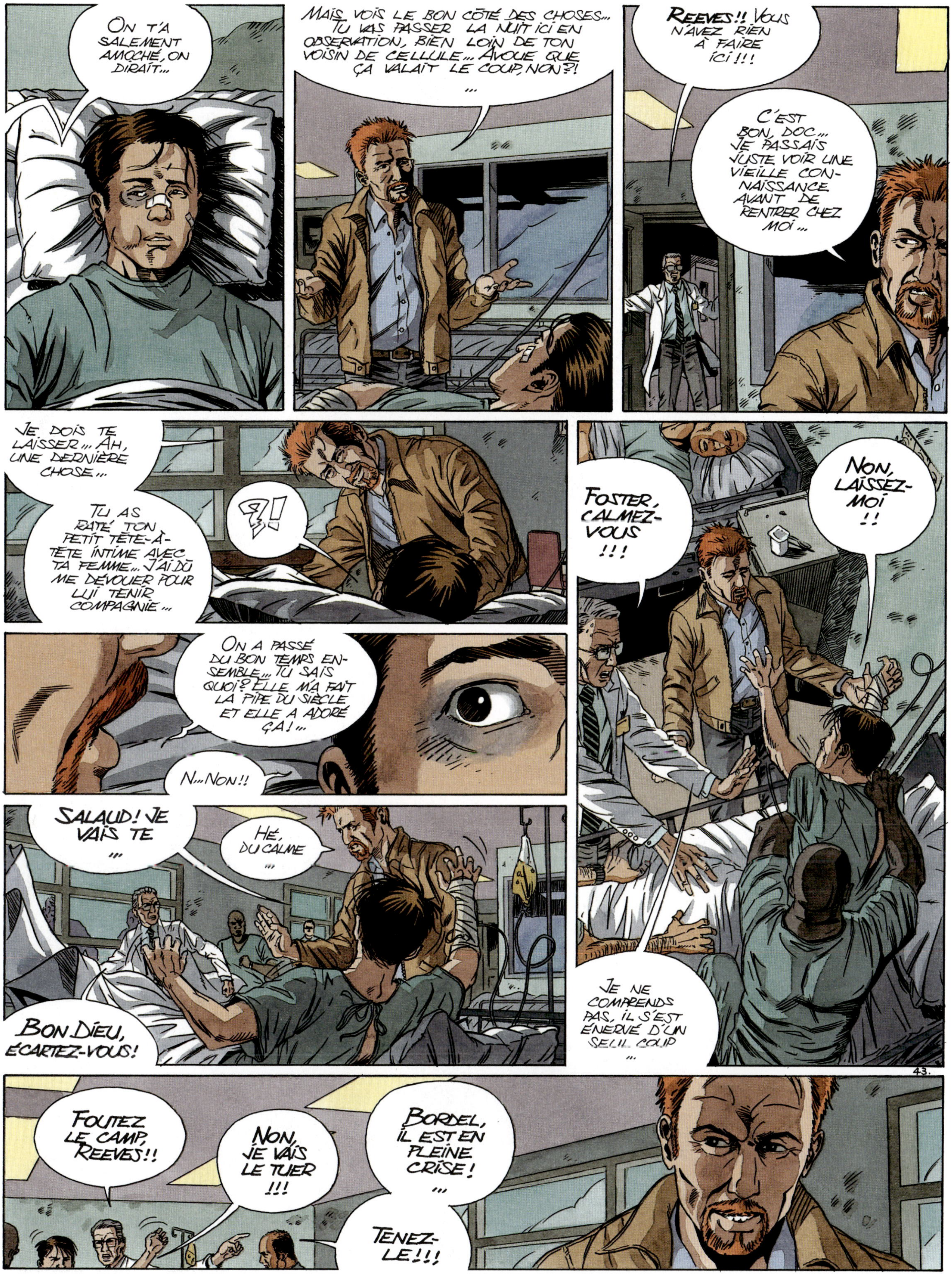
ON T'A SALEMENT AMOCHÉ, ON DIRAIT...
MAIS VOIS LE BON CÔTÉ DES CHOSES... TU VAS PASSER LA NUIT ICI EN OBSERVATION, BIEN LOIN DE TON VOISIN DE CELLULE... AVOUE QUE ÇA VALAIT LE COUP, NON?!
...
REEVES!! VOUS N'AVEZ RIEN À FAIRE ICI!!!
C'EST BON, DOC... JE PASSAIS JUSTE VOIR UNE VIEILLE CONNAISSANCE AVANT DE RENTRER CHEZ MOI...
JE DOIS TE LAISSER... AH, UNE DERNIÈRE CHOSE...
TU AS RATÉ TON PETIT TÊTE-À-TÊTE INTIME AVEC TA FEMME... J'AI DÛ ME DÉVOUER POUR LUI TENIR COMPAGNIE...
?!
ON A PASSÉ DU BON TEMPS ENSEMBLE... TU SAIS QUOI? ELLE M'A FAIT LA PIPE DU SIÈCLE ET ELLE A ADORÉ ÇA!...
N... NON!!
SALAUD! JE VAIS TE ...
HÉ, DU CALME ...
BON DIEU, ÉCARTEZ-VOUS!
FOSTER, CALMEZ-VOUS !!!
NON, LAISSEZ-MOI !!
JE NE COMPRENDS PAS, IL S'EST ÉNERVÉ D'UN SEUL COUP ...
43.
FOUTEZ LE CAMP, REEVES!!
NON, JE VAIS LE TUER !!!
BORDEL, IL EST EN PLEINE CRISE! ...
TENEZ-LE!!!

C'EST TELLEMENT AGRÉABLE CETTE PROMENADE SOUS LES ÉTOILES... LA NUIT EST BELLE, NON ?! ...
ALEKS ? ...JE TE PARLE ! ...
HEIN ? OH, JE... DÉSOLÉ, MAUREEN, J'AI LA TÊTE AILLEURS ...
TU N'AS PAS DIT TROIS MOTS DE TOUTE LA SOIRÉE ! ...
C'EST QUE... J'AI EU UNE DURE JOURNÉE AU BOULOT ...
J'AI VU DES CHOSES QUI M'EMPÊCHENT DE SAVOURER PLEINEMENT CETTE PETITE BALADE ROMANTIQUE...
VOYONS... LA NUIT EST DOUCE, LA PLAGE EST DÉSERTE...
MMH... TU PENSES À LA MÊME CHOSE QUE MOI ?...
MAIS JE N'AI PAS VRAIMENT ENVIE D'EN PARLER ...
JE COMPRENDS ...
QUE POURRAIS-JE DONC FAIRE POUR T'ENLEVER CES VILAINES IMAGES DE LA TÊTE ?!
EUH... UN BAIN DE MINUIT ?!
TU N'AS RIEN DE PLUS EXCITANT ?!... TU N'AS PAS UN PETIT FANTASME DANS UN COIN DE TA TÊTE QUE TU AIMERAIS ASSOUVIR ?! ...
UN FANTASME ?!
COMME FAIRE L'AMOUR SAUVAGEMENT SUR UNE PLAGE DE SABLE FIN, PAR EXEMPLE ?...
C'EST MIEUX, BEAUCOUP MIEUX ...
EMBRASSE-MOI ...
J'AI ENVIE DE TOI, ALEKS... TOUT DE SUITE ! ...
44.

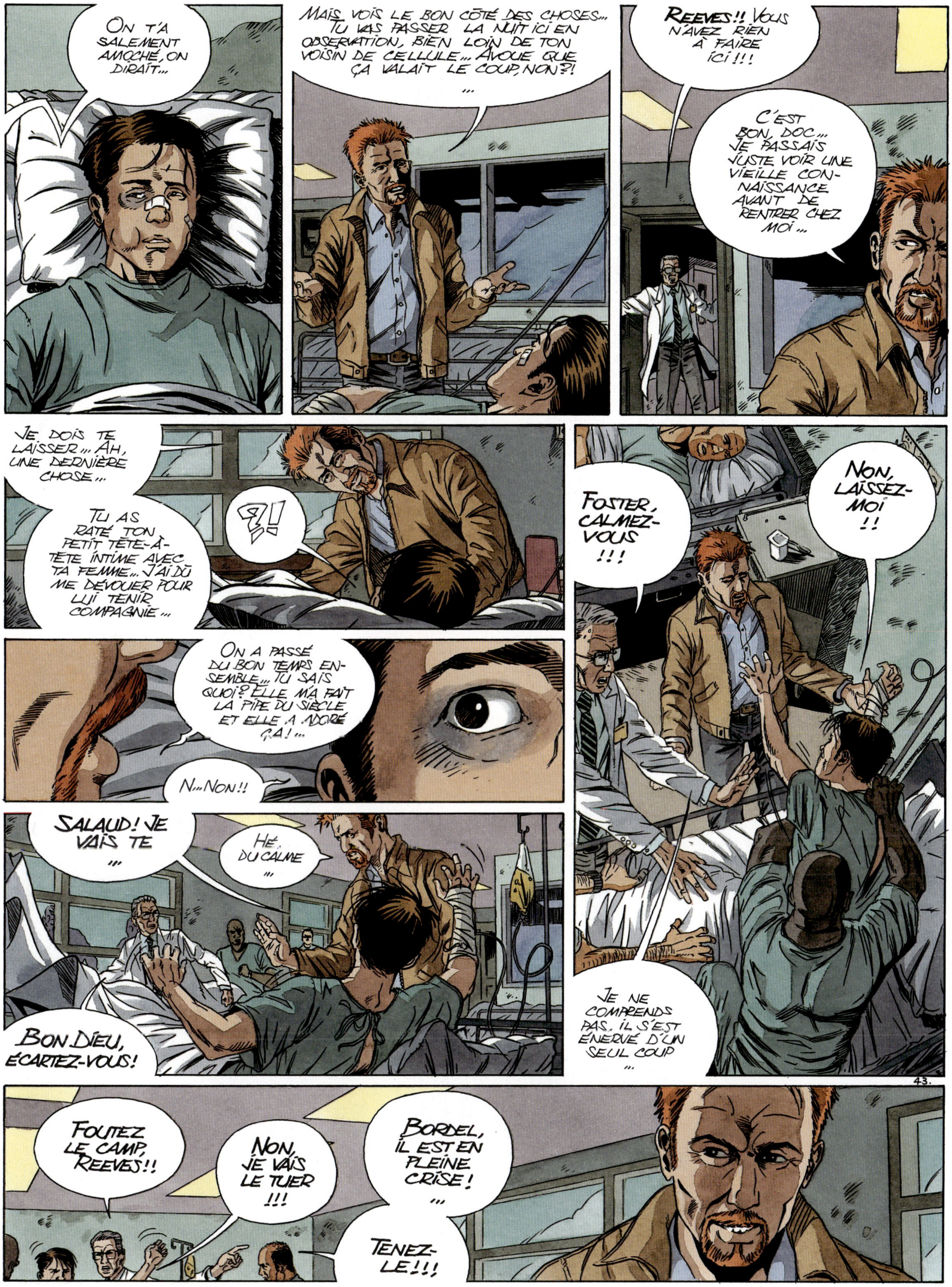
ON T'A SALEMENT AMOCHÉ, ON DIRAIT...
MAIS VOIS LE BON CÔTÉ DES CHOSES... TU VAS PASSER LA NUIT ICI EN OBSERVATION, BIEN LOIN DE TON VOISIN DE CELLULE... AVOUE QUE ÇA VALAIT LE COUP, NON?!
...
REEVES!! VOUS N'AVEZ RIEN À FAIRE ICI!!!
C'EST BON, DOC... JE PASSAIS JUSTE VOIR UNE VIEILLE CONNAISSANCE AVANT DE RENTRER CHEZ MOI...
JE DOIS TE LAISSER... AH, UNE DERNIÈRE CHOSE...
?!
TU AS RATÉ TON PETIT TÊTE-À-TÊTE INTIME AVEC TA FEMME... J'AI DÛ ME DÉVOUER POUR LUI TENIR COMPAGNIE...
ON A PASSÉ DU BON TEMPS ENSEMBLE... TU SAIS QUOI? ELLE M'A FAIT LA PIPE DU SIÈCLE ET ELLE A ADORÉ ÇA!...
N... NON!!
SALAUD! JE VAIS TE ...
HÉ. DU CALME ...
BON DIEU, ÉCARTEZ-VOUS!
FOSTER, CALMEZ-VOUS !!!
NON, LAISSEZ-MOI !!
JE NE COMPRENDS PAS. IL S'EST ÉNERVÉ D'UN SEUL COUP ...
43.
FOUTEZ LE CAMP, REEVES!!
NON, JE VAIS LE TUER !!!
BORDEL, IL EST EN PLEINE CRISE! ...
TENEZ-LE!!!

C'EST TELLEMENT AGRÉABLE CETTE PROMENADE SOUS LES ÉTOILES... LA NUIT EST BELLE, NON ?! ...
ALEKS ? ...JE TE PARLE ! ...
HEIN ? OH, JE... DÉSOLÉ, MAUREEN, J'AI LA TÊTE AILLEURS ...
TU N'AS PAS DIT TROIS MOTS DE TOUTE LA SOIRÉE ! ...
C'EST QUE... J'AI EU UNE DURE JOURNÉE AU BOULOT
J'AI VU DES CHOSES QUI M'EMPÊCHENT DE SAVOURER PLEINEMENT CETTE PETITE BALADE ROMANTIQUE ...
MAIS JE N'AI PAS VRAIMENT ENVIE D'EN PARLER ...
JE COMPRENDS ...
QUE POURRAIS-JE DONC FAIRE POUR T'ENLEVER CES VILAINES IMAGES DE LA TÊTE ?!
VOYONS... LA NUIT EST DOUCE, LA PLAGE EST DÉSERTE...
MMH... TU PENSES À LA MÊME CHOSE QUE MOI ?...
EUH... UN BAIN DE MINUIT ?!
TU N'AS RIEN DE PLUS EXCITANT ?!... TU N'AS PAS UN PETIT FANTASME DANS UN COIN DE TA TÊTE QUE TU AIMERAIS ASSOUVIR ?! ...
UN FANTASME ?!
COMME FAIRE L'AMOUR SAUVAGEMENT SUR UNE PLAGE DE SABLE FIN, PAR EXEMPLE ?...
C'EST MIEUX, BEAUCOUP MIEUX ...
EMBRASSE-MOI ...
J'AI ENVIE DE TOI, ALEKS... TOUT DE SUITE ! ...

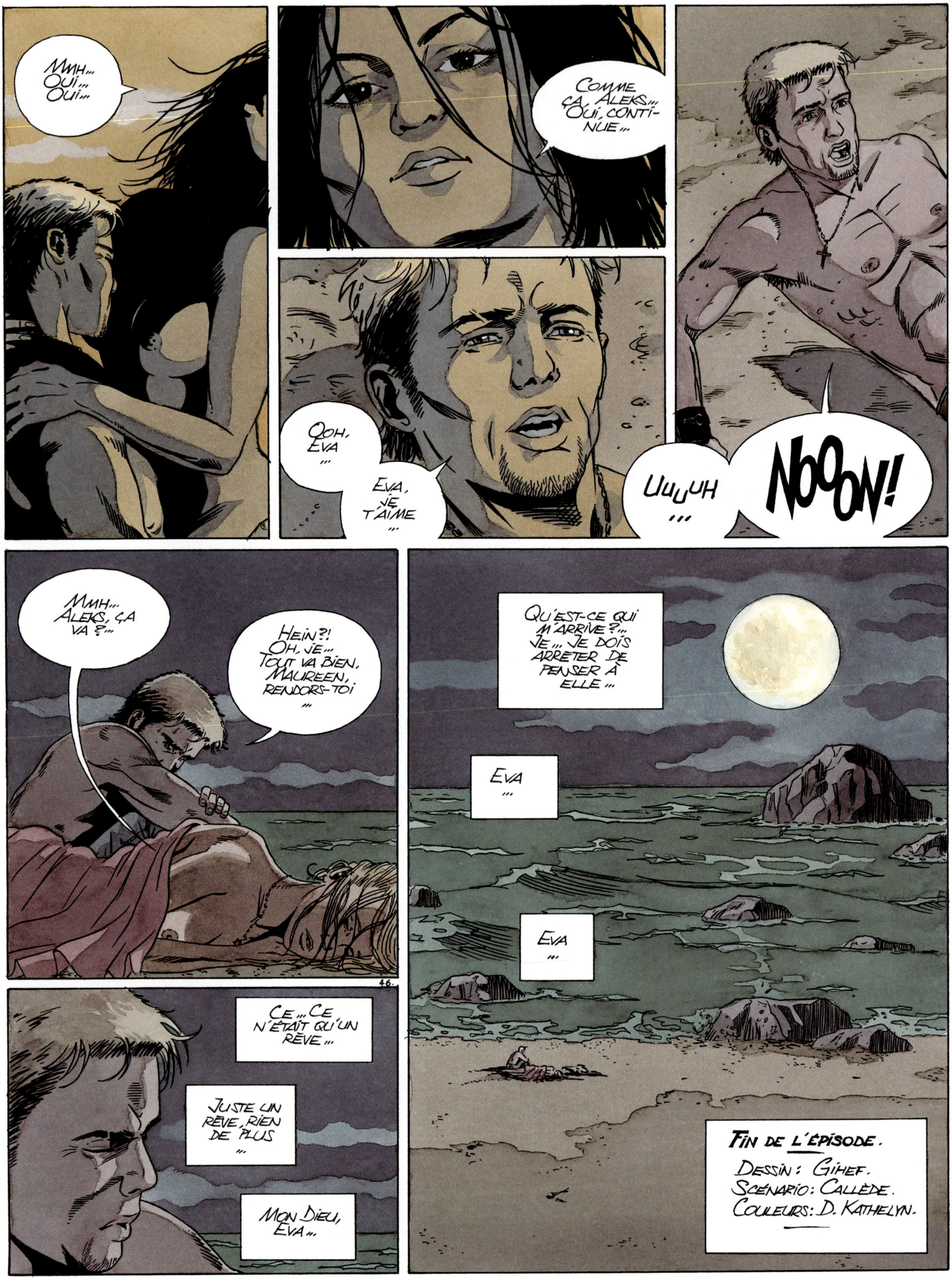

MMH... OUI... OUI...
COMME ÇA, ALEKS... OUI, CONTINUE...
OOH, EVA ...
EVA, JE T'AIME ...
UUUUH ...
NOOON!
MMH... ALEKS, ÇA VA ?...
HEIN ?! OH, JE... TOUT VA BIEN, MAUREEN, RENDORS-TOI ...
QU'EST-CE QUI M'ARRIVE ?... JE... JE DOIS ARRÊTER DE PENSER À ELLE...
EVA ...
EVA ...
CE... CE N'ÉTAIT QU'UN RÊVE...
JUSTE UN RÊVE, RIEN DE PLUS ...
MON DIEU, EVA...
FIN DE L'ÉPISODE.
DESSIN : GIHEF.
SCÉNARIO : CALLÈDE.
COULEURS : D. KATHELYN.